TANJA ANIKA. VEUTNER

I'm human too

Homosexualität

2. Auflage

Bibliografische Information der Deutschen Nationalbibliothek:
Die Deutsche Nationalbibliothek verzeichnet diese Publikation in der
Deutschen Nationalbibliografie; detaillierte bibliografische Daten sind im
Internet über http://dnb.dnb.de abrufbar.

Die automatisierte Analyse des Werkes, um daraus Informationen
insbesondere über Muster, Trends und Korrelationen gemäß §44b UrhG
(„Text und Data Mining") zu gewinnen, ist untersagt.

1. Auflage 2020 (ISBN 978-3-9822023-0-3), erschienen im Selbstverlag
2. überarbeitete und aktualisierte Auflage 2024

Umschlaggestaltung und Layout: Tanja Anika Veutner
Lektorat und Korrektorat: Tanja Anika Veutner
Fotos und Zeichnungen: Tanja Anika Veutner

Verlag: BoD · Books on Demand GmbH, In de Tarpen 42, 22848 Norderstedt
Druck: Libri Plureos GmbH, Friedensallee 273, 22763 Hamburg

ISBN 978-3-7597-9683-7

Inhalt

Die Autorin

Tanja Anika Veutner ist geprüfte Medienfachwirtin - Bachelor Professional in Media, staatlich anerkannte Grafik- und Kommunikationsdesignerin und staatlich geprüfte Web-Designerin, die in ihrer Freizeit gerne Reisen unternimmt und fotografiert. Sie hat auch eine große Vorliebe für das Schreiben, Illustrieren und Malen.

Die Autorin hat nach der Schule einige Jahre gearbeitet, bevor sie Auslandsaufenthalte absolvierte. In dieser Zeit hat sie auch ein ganzes Corporate Design für eine Appartement-Vermietung in Dalmatien entwickelt. Daneben hat sie immer wieder Auftragsarbeiten bearbeitet, wie Illustrationen für Wandgestaltungen, Fotografieren oder Gemälde. Hier fand sie trotzdem auch Zeit, einen eigenen Comic zu entwerfen, den es leider noch nicht im Handel gibt.

Bisher hat Tanja Anika Veutner ihre Erlebnisse und Erfahrungen beim Reisen über kleinere Artikel im Social Media-Bereich veröffentlicht, vor allem über Kroatien, mit Schwerpunkt Insel und Stadt Pag in Dalmatien. Derzeit schreibt sie ein Buch über das United Kingdom, ein Geschichtsbuch, Reiseführer, Tippgeber und persönliches Tagebuch in einem. Es beschäftigt sich vor allem mit der britischen Landeshauptstadt London und seinen Sehenswürdigkeiten. Aber auch die Geschichte Großbritanniens, die Königsfamilie und die Gewohnheiten der Briten sind im Buch zu finden.

Da Tanja Anika Veutner eine persönliche Note wichtig ist, hat sie die Rolle der Redakteurin, Gestalterin, Illustratorin, Fotografin und Lektorin selbst übernommen.

Die Autorin möchte nicht nur Länder besprechen. Ihr sind sozialkritische und aktuelle Themen sehr wichtig, weshalb sie im Jahr 2020 im Selbstverlag ein Buch über Homosexualität vorlegte. Dieses Thema in einem Buch zu verarbeiten liegt ihr sehr am Herzen, da sie sich auch in unserer modernen Zeit immer noch mit Vorurteilen konfrontiert sieht. Leider steht die Gesellschaft gleichgeschlechtlich liebenden Menschen und Paaren größtenteils immer noch negativ gegenüber. Diese Ablehnung möchte Tanja Anika Veutner verringern. Mit der Geschichte der Homosexualität, den unterschiedlichen Richtungen und Neigungen, Erklärungen und auch eigenen Erfahrungen und Erlebnissen.

Es ist ein sehr persönliches Buch geworden.

Da die Erstauflage gut aufgenommen wurde und es in den letzten Jahren Veränderungen und Neuerungen gab, erscheint das Buch nun überarbeitet und aktualisiert als 2. Auflage.

Widmung

Dieses Werk ist all den Menschen gewidmet, die sich einst stark für die Anerkennung der Homosexualität eingesetzt haben. Denen, die dafür Sorge getragen haben, dass Homosexualität nicht mehr als Krankheit gilt und die Betroffenen weniger an Depressionen erkranken oder Suizid begehen, weil sie so von der Gesellschaft ausgegrenzt und angegangen wurden, dass sie selbst mit dem Druck nicht mehr klargekommen sind.

Ein großer Dank gilt natürlich auch denjenigen, die sich seinerzeit in Amerika zur Wehr setzten und somit den Grundstein für den alljährlichen Christopher Street Day (CSD) legten, auf dem weltweit immer noch für die Rechte von Homosexuellen gekämpft wird, wobei hier auch die bisherigen Errungenschaften gefeiert werden.

Selbstverständlich möchte ich das Buch auch all denen widmen, die sich auch heute noch für eine Besserung der Situation von Homosexuellen aufopfernd einsetzen und leider in einigen Ländern deswegen auch inhaftiert werden oder mit der Todesstrafe rechnen müssen. Hierfür gilt Euch mein aufrichtiger Respekt.

Danke, dass Ihr nicht aufgegeben und dafür gesorgt habt, dass ich und viele Homosexuelle zumindest in den europäischen Ländern freier leben dürfen und können.

Persönlich möchte ich das Buch meinem leider viel zu früh verstorbenen Vater und meiner lieben Mutter widmen, die anfänglich zwar auch ein Problem mit meiner Homosexualität hatten. Mit der Zeit jedoch haben sie es akzeptiert und standen der Thematik nicht mehr voreingenommen oder abneigend gegenüber. Heute ist meine Frau ein voll integriertes Familienmitglied, ohne dass es Unterschiede zu den heterosexuellen Beziehungen meiner Geschwister gibt.

Liebe Leserin, lieber Leser,

es freut mich sehr, dass Du Dich für mein Buch entschieden hast, in dem ich mich näher mit dem Thema Homosexualität beschäftige.

Du bist krank. Das ist nicht normal. Gott hat das so nicht vorgesehen. Du bist ein Fehler, eine Laune der Natur! Du bist einfach nur ekelig. Du wirst in der Hölle schmoren. Das ist eine Phase, die wird vorbei gehen. Du musst nur den/die Richtige(n) finden, dann wird das schon. Ihr könnt keine Kinder haben – ein Kind braucht immer Vater und Mutter.

Solche und ähnliche menschenverächtliche Aussagen müssen sich Homosexuelle auch in der heute so modernen Zeit immer wieder gefallen lassen. Homosexualität ist nicht gern gesehen, wird im sozialen Leben oft belächelt.

Leider werden gleichgeschlechtliche Paare immer noch nicht mit heterosexuellen Paaren gleichgestellt. Immer wieder gibt es zwar kleine Schritte in Richtung Gleichstellung, aber diese ziehen sich über Jahre hinweg und mussten schwer erkämpft werden.

Auch wenn es in der frühen Geschichte der Menschheit keine Besonderheit war und auch von den oberen gesellschaftlichen Schichten praktiziert wurde, wird Homosexualität verschrien. Das mag auch an den unterschiedlichen Religionen weltweit liegen, die sich an Homosexualität leider sehr gestört fühlen. Zum anderen liegt das auch an der Erziehung. Es ist einfach so, dass jede Generation nur das weitergeben kann, was sie selbst vorgelebt bekommen hat. Und leider wird bei gleichgeschlechtlicher Liebe immer noch vehement gespöttelt, ausgegrenzt, bestraft und verfolgt.

Mit welchem Recht möchte der Mensch Gottes Werk in Zweifel ziehen? Selbst oft unverstanden und verbal angegangen, habe ich über die Jahre hinweg gelernt zu sagen: „Ich bin Gottes Geschöpf und stolz darauf." Hätte Gott mich so nicht gewollt, hätte er mich sicher nicht so erschaffen. Gott ist unfehlbar. Oder nicht?

In diesem Buch beschäftige ich mich ausgiebig mit der Homosexualität und ihren langwierigen Fortschritten, wobei ich auch auf den Christopher Street Day (CSD) eingehe, was genau das ist, woher er kommt und warum er jedes Jahr gefeiert wird.

Natürlich gibt es im Buch viele persönliche Erfahrungen. Vor allem mit Blick auf gleichgeschlechtliche Ehe – ab wann dürfen sich Homosexuelle „Mann und Mann" beziehungsweise „Frau und Frau" nennen – bisher war dies nur heterosexuellen Paaren vorbehalten. Wie kam es zur gleichgeschlechtlichen Ehe? Gab es einen Vorgänger?

Auch das Thema Kinderwunsch darf hier nicht fehlen. Dieser Punkt ist auch wichtig für die tatsächliche Gleichstellung mit einer heterosexuellen Beziehung. Oder auch die Themen Witwenrente, Sicherheit bei Todesfall, Erbrecht.

Das ist nur ein kleiner Einblick in die verschiedenen Kapitel im Buch. Wenn Dir die kleine schriftliche Einführung gefallen hat, wünsche ich Dir viel Spaß beim Lesen.

Deine Tanja

Homosexualität

Was genau versteht man unter Homosexualität?

Kurzum: Gleichgeschlechtliche Liebe. Mann liebt Mann. Frau liebt Frau. Aber hier gibt es auch wieder Mann liebt Mann, wobei sich einer der beiden Männer eigentlich als Frau fühlt, also im falschen Körper steckt, sich dementsprechend eher als „normal liebend" bezeichnet.

In diesen Kreis andersartig Liebender reihen sich auch noch Transgender ein, die offenkundig im falschen Körper stecken und eigentlich aus ihrem Körper und ihrer Haut heraus wollen. Meist lassen sie sich auch irgendwann operieren, also eine Geschlechtsangleichung durchführen. Hier zählen auch Menschen dazu, die sich als „weder noch" bezeichnen, mittlerweile haben sie sogar eine eigene Angabe, das dritte Geschlecht beziehungsweise Divers. Diese Bezeichnung findet auch Einzug in behördliche Dokumente wie beispielsweise Pass oder Personalausweis.

Auf die ganzen unterschiedlichen Gruppen der LGBTQ*-Community werde ich in den nächsten Kapiteln noch näher eingehen und näher beschreiben. LGBTQ* ist eine Abkürzung aus dem englischen Sprachraum und steht für Lesbian, Gay, Bisexual, Transgender and Queer – deutsch: Lesbisch, Schwul, Bisexuell, Transgender und Queer. Mittlerweile ist das Akronym (Abkürzung) erweitert auf LGBTQIA*, was intersexuell und asexuell mit einschließt. Wegen der besseren Lesbarkeit nutze ich das Akronym LGBTQ*. Das Sternchen umfasst alle weiteren „Unterarten" der Homosexualität. Man spricht hier gerne von Community, da sich diese Gruppen als eine Gemeinschaft sehen, die sich auch

gemeinschaftlich für die Durchsetzung und Anerkennung ihrer Rechte einsetzen und sie politisch erkämpfen.

Heutzutage ist die Homosexualität ein aktuelles Thema. Ist es doch gar nicht allzu lange her, dass sich die Ehe für alle durchgesetzt hat. Da nun auch das Thema Kinderwunsch für gleichgeschlechtliche Paare wieder aufgegriffen und heiß darüber diskutiert wird, ist diese Randgruppe auch wieder vermehrt in der Öffentlichkeit präsent.

Immer wieder müssen sich Homosexuelle gegen Unverständnis zur Wehr setzen. Sie werden öffentlich angeprangert und sollen das meist auch ohne Gegenwehr schlucken. Hauptverantwortlich hierfür sind die 3 Abrahamitischen Weltreligionen, in deren „heiligen Werken" Tora, Koran und Bibel gleichgeschlechtliche Liebe als Sünde angesehen wird. Positiv ist jedoch, dass diesen Inhalt immer weniger Menschen befürworten.

Wirklich über die sexuelle Orientierung und die sexuelle Identität eines Individuums spricht man erst seit dem 18. Jahrhundert. In einigen europäischen Metropolen entstanden zu der Zeit auch schwule Subkulturen, die aber wenig positiv aufgenommen wurden. Immer wieder gab es polizeiliche Überwachung, staatliche Verfolgung und gewaltsame Übergriffe.

Warum Menschen eine Vorliebe für das gleiche Geschlecht haben, ist bis heute strittig. Meist werden genetische, hormonelle und psychoanalytische Faktoren genannt. Oder es wird der Evolution zugeschrieben.

Woher kommt das Wort? Was bezeichnet es?

Einfach ausgedrückt bedeutet Homosexualität gleichgeschlechtliche Liebe. Jedoch auch die eigene sexuelle Identität eines Individuums auf Homophilie, sprich Gleichgeschlechtlichkeit. Dies wird jedoch nur in der Forschung unterschieden.

Wortschöpfer soll der österreichisch-ungarische Schriftsteller Karl Maria Benkert sein, der das Wort Homosexualität erstmals im Jahre 1869 verwendete. Geformt aus dem griechischen Wort „Homós" (gleich) und dem lateinischen „sexus". Zuvor gab es Umschreibungen wie allumfassend Uranismus oder Urning für männliche Homosexuelle und Urninde für weibliche Homosexuelle. Diese Worte hatte Karl Heinrich für die Benennung Homosexueller erstmals verwendet, er hatte auch auf dem deutschen Juristentag in München 1867 die Straffreiheit für homosexuelle Handlungen gefordert, was aber kaum auf Verständnis oder Befürworter stieß.

Wirklich verbreitet wurden die Worte Homosexualität und Heterosexualität erst Ende des 19. Jahrhunderts von Autoren aus der Sexualwissenschaft. Einige Zeit später folgte dann auch noch das Wort Bisexuell für diejenigen, die sich nicht als homo- oder heterosexuell ansehen. Wieder etwas später folgten dann noch weitere Wort-Neuschöpfungen, auf die ich später noch näher eingehen werde.

Meist verbinden Menschen das Wort Homosexuell nur mit männlicher Homosexualität. Das ist auch nicht verwunderlich, da der erste Teil des Wortes „homo" im Lateinischen „Mann" oder „Mensch" bedeutet, nicht wie im Griechischen

„gleich". Frauen, die das gleiche Geschlecht bevorzugen, werden Lesben genannt, nach der griechischen Insel Lesbos, auf der die Dichterin Sappho einst lebte, die selbst Frauen liebte. In Anlehnung an das Wort Lesbe wurde für Männer das Wort Schwuler gängig, abgeleitet von Schwulität, also schwierige Lage.

Dank der Homosexuellenbewegung in den 1970er Jahren wurde das einstige Schimpfwort „schwul" gesellschaftsfähig. Um das Wort weniger als Beleidigung nutzen zu können, wird es auch immer wieder von schwulen Männern offen genutzt. Leider werden, vor allem in der Jugendsprache, schwul und weitere Begriffe wie Schwuchtel oder Tunte als Schimpfwort weiterhin gerne verwendet. Sie werden oft genutzt als Umschreibung für Schwächling oder einen weiblich wirkenden Mann.

Heutzutage ist das Wort Gleichgeschlechtlichkeit gängig, das seit 1900 genutzt wird. So soll eher auf das Geschlecht und nicht die Sexualität eingegangen werden. Auch in Gesetzen findet sich dieses Wort, da es juristisch klar definiert.

Welche Bezeichnung nutzt man in anderen Ländern?

Englischsprachiger Raum

Im englischsprachigen Raum wurde früher der Begriff „queer" genutzt, also seltsam, komisch. Es klang aber ein wenig abwertend, weshalb man lieber das Wort „gay" nutzte, was für bunt und fröhlich steht. Ab den 1990er Jahren wird hier aber auch wieder verstärkt „queer" genutzt, wodurch auch Transgender mit eingeschlossen sind.

Da das Wort „gay" leider auch wieder meist auf Männer bezogen wurde, nutzten Frauen das Wort „lesbian" oder „dyke".

Frankreich

Auch im Französischen hat sich das Wort „gai" eingebürgert, zunehmend wird es auch in Deutschland verwendet.

China

In China wurden zuerst die Worte „tongxing'ai" (Homo-Erotik) und „tongxinglian" (Homosexualität) genutzt. Ab den 1990er Jahren dann das Wort „tongzhi", hier ist „tong" („gleich") inbegriffen – es bedeutet so viel wie Kamerad. Auch das Wort „ku'erals" trat in Erscheinung, das sich vom englischen „queer" ableitet.

Japan

In Japan wird für die Homosexualität das Wort „dōseiai" genommen, was „gleichgeschlechtliche Liebe" bedeutet.

Kroatien

Da ich viel Zeit in Kroatien verbringe, dürfen die Worte „Lezbijka" oder „Lezbejka" für Lesbe und „Homoseksualac" für Schwuler nicht fehlen. Das Wort „Homoseksualac" wird in Kroatien ebenso verwendet wie das englische Wort „gay".

Arabien

Bis heute hat Arabien kein eigenes Wort für Schwule oder Lesben. Sie nutzen „liwat" oder „looti" für männliche Homosexuelle, was eigentlich Sodomie (Unzucht) bedeutet oder „khanith" beziehungsweise „mukhannath", was für Eunuchen steht. Für Lesben gibt es den Begriff „sihaqah", was eigentlich mahlen oder zermalmen bedeutet. Homosexuelle müssen sich die Umschreibung „shaath" (abartig) gefallen lassen. Allesamt Begriffe, die negativ behaftet sind.

Ägypten

Hier spricht man bei Homosexualität von „schaddh" (anormal, unnatürlich) oder „schaddh dschinsiyyan" (sexuell abnorm), was aber eher beleidigt. Es gibt nettere Begriffe, die sich vom arabischen „mithl" (gleich) ableiten. Schwule bezeichnet man als „mithli", Lesben als „mithliyya", wobei Letzteres auch für Homosexualität genutzt wird.

Simbabwe

Der in der Landessprache Shona genutzte Begriff „ngochani" ist eine Beleidigung. Daher bevorzugte die 1990 gegründete Organisation „GALZ, Gays and Lesbians of Zimbabwe", die englischen Bezeichnungen.

USA

Von den afroamerikanischen Menschen wird gerne der Begriff „Down-Low" (kurz DL) genutzt. Abgeleitet von der Redewendung „to be on the down low", es nicht an die große Glocke hängen. Mittlerweile wird für schwule Männer auch MSM genutzt, „Men who have Sex with Men". Allgemein aber auch „gay", „lesbian" und „dyke".

Russland

Russen bezeichnen Schwule als „Golubčik". Das Wort wird gebildet aus dem Wort „Goluboj", der Farbe „Blau", was mit der Aristokratie, dem „blauen Blut" der Machthaber aus vorrevolutionärer Zeit assoziiert wird.
Eine lesbische Frau bezeichnet man als „Lesbiyanka".

Die Geschichte unserer Beziehung

Mich habe ich vorhin schon vorgestellt. Nun sollt Ihr auch meine Frau Sandra kennenlernen, die schon seit über 10 Jahren zu meinem Leben gehört. Sie wird immer wieder im Buch erwähnt, in persönlichen Geschichten und als Vorzeigebeispiel in einigen Kapiteln.

Wie kam es eigentlich, dass wir uns kennenlernten und ein Paar wurden? Wie bei vielen Paaren in unserer modernen Zeit, stand auch bei uns am Anfang eine Dating-App, die ich hier aber nicht namentlich nennen werde. Beide hatten wir längere Beziehungen geführt. Was uns noch verband: wir konnten uns lange nicht auf eine neue Beziehung einlassen, wir benötigten eine Auszeit von knapp 2 Jahren. Anfang Dezember 2013 sollte der Startpunkt für ein neues Leben werden.

Ich selbst hatte schon einige Monate ein Profil in der Dating-App und einige schlecht verlaufende Dates hinter mich gebracht. Eines Tages hatte ich ein interessantes Profil entdeckt: Shy2day, „Such Dir Deine Headline aus der Zeitung". Kreativ. Das Profilbild sprach mich auch an. Aber die Distanz? Ich aus Radolfzell, sie aus Stuttgart. Einen Versuch war es wert. Ich schrieb sie an. Sandra erzählte mir später, dass sie anfänglich Hemmungen hatte, mir zurück zu schreiben, wegen unserem Altersunterschied von 5 Jahren. Wir schrieben ein wenig miteinander und mussten feststellen, dass wir uns sehr sympathisch waren und in vielen Dingen dieselben Ansichten teilten. Sandra fand vor allem meinen Humor genial. Ich muss dazu sagen, dass ich mit einer Magen-Darm-Grippe auf dem Sofa lag, während wir uns schrieben. Als sie mich fragte, was ich gerade mache, antwortete ich ehrlicherweise, dass ich mich von der linken auf die rechte Seite drehe. Sandra hatte sich über diese Aussage sehr amüsiert.

Meinen Weihnachtsurlaub hatte ich bei meinen Eltern in Schwäbisch Hall verbracht und mich dort auskuriert. Noch angeschlagen, musste ich Sandras Bitte nach einem Date leider ausschlagen. Später erfuhr ich, dass sie dachte, ich hätte meine Erkrankung vorgeschoben, um mich nicht mit ihr treffen zu müssen. Als ich nach Hause an den Bodensee fuhr, versuchte ich, Sandra zu kontaktieren, um ein Date auszumachen. Sie reagierte jedoch nicht auf meine Nachrichten. Konnte wirklich so viel schief gehen? Sandra hatte geschlafen. Sie antwortete erst, als ich wieder am Bodensee war. So verstrichen noch einige Tage, bis wir uns tatsächlich spontan verabredeten. Unser erstes Treffen fand am 31.12.2013 statt, ganz spontan hatten wir uns in Radolfzell am Bahnhof verabredet.

Sandra hatte sich auf den Weg gemacht und auf Höhe von Tuningen führten wir unser erstes Telefonat, um abzustimmen, wo genau wir uns treffen würden. Als ich am Bahnhof ankam, wartete Sandra schon auf mich. Sie hatte mir verraten, dass sie einen Opel Agila B fährt, zugegeben, das Modell sagte mir zu dem Zeitpunkt rein gar nichts. Als ich mein Auto neben ihrem abstellte, sahen wir uns an und mussten grinsen. Wir redeten ein wenig und machten uns mit Sandras Auto auf nach Konstanz, wo wir uns in eine Bar setzten und näher kennenlernten. Es war komisch, aber wir hatten von Anfang an das Gefühl, den anderen schon ewig lange zu kennen. Wir redeten ununterbrochen, lachten und verstanden uns mehr als gut.

Wir wollten den Abend gar nicht enden lassen, aber es wurde schon recht spät und Sandra musste ja noch zurück nach Stuttgart fahren, was in etwa 1 ½ Stunden dauern würde. Also fuhren wir wieder zurück nach Radolfzell, wo mich Sandra an meinem Auto aussteigen ließ. Auch hier redeten wir noch ein wenig, bis Sandra fragte, was ich über die Feiertage vorhabe. Ich war ein wenig überrascht, als sie auch noch wissen wollte, ob ich vielleicht mit nach Stuttgart fahren möchte. Sandra war mir sehr sympathisch, zu diesem Zeitpunkt war es noch keine Liebe, aber ich wusste sie freundschaftlich sehr zu schätzen. Wir hatten wirklich ununterbrochen geredet. Das hatte ich vorher noch mit niemandem gehabt. Sandra erzählte mir später, dass das auch bei ihr den Ausschlag gab, mich zu fragen, ob ich mitfahren wollte.

Normalerweise bin ich nicht so spontan und gehe auch nicht gleich mit Fremden mit. Aber Sandra hatte etwas Vertrautes. Wir fuhren schnell bei mir vorbei, wo ich meinen Koffer für einige Tage packte. Mit zwei Autos fuhren wir nach Stuttgart. Dort angekommen, fühlte ich mich kein bisschen fremd. Es ist schwer zu beschreiben. Wir wollten das neue Jahr in einer bekannten Lesben- und Schwulendisko in Stuttgart feiern. Also richteten wir uns. Als ich meine Kontaktlinsen einsetzen wollte, fiel mir eine in den Abfluss. Meine Brille hatte ich am Bodensee gelassen. Sandra fand diese Tatsache recht amüsant.

Wir fuhren also die ganzen 165 km wieder Retour, um Kontaktlinsen und Brille zu besorgen. Sandra fuhr, da ich ein wenig gehandicapt war. Uns wurde es kein wenig langweilig, während der Fahrt hatten wir viel geredet und uns zur Stärkung auf halber Strecke einen Latte Macchiato besorgt. Der sollte ein wenig aufmuntern. Es ging nur kurz in meine Wohnung und sofort wieder zurück auf die Autobahn, zurück Richtung Stuttgart. Wir dachten zu diesem Zeitpunkt noch, dass wir früh genug wieder in Stuttgart sein würden.

Was soll ich sagen, diese Silvesternacht war eine ganz besondere Art, ins neue Jahr zu rutschen. Als wir gerade auf Höhe Böblingen waren, erstreckte sich vor uns Stuttgart in der Ferne. Unzählige Lichter, Raketen und Feuerwerke erhellten den Himmel. Es war wunderschön anzusehen, zumal der Rest der Umgebung dunkel war, niemand war auf der Autobahn unterwegs, nur wir in Sandras Auto.

Wir steuerten sofort die Stuttgarter Innenstadt an, um zumindest noch den Rest der Nacht in der Disko zu verbringen. Es war schön. Wir verstanden uns mehr als gut. Es war noch keine Liebe, aber eine sehr große Sympathie zwischen uns.

Ich hatte Weihnachtsurlaub, Sandra musste arbeiten. Es klingt komisch, ja, aber Sandra ließ mich tatsächlich die ganze Zeit über alleine in ihrer Wohnung, während sie arbeiten war. Das war Vertrauen. Wer tut so etwas schon, wenn man sich eigentlich eben erst kennengelernt hat? Was genau wir füreinander fühlten, kann ich nicht wirklich in Worte fassen. Ich hatte so etwas noch mit keinem anderen Menschen erlebt.

Nach einer knappen Woche musste ich wieder an den Bodensee, da mein Urlaub vorüber war. Schade. Aber an den Wochenenden trafen wir uns wieder. Sandra hatte mich ihrer Familie recht schnell vorgestellt. Noch als eine Freundin. Es dauerte gar nicht so lange, bis Sandra meinte, dass sie mich liebt. Es war der 19.01.2014. Seither sind wir zusammen. Sandra hatte auch meine Familie kennengelernt. Und so startete unsere Beziehung.

Ende Mai habe ich Geburtstag. Den ersten gemeinsamen Tanja-Geburtstag verbrachten wir in Paris. Sandra hatte mich damit überrascht. Ich freute mich sehr. Es war ein besonderes Geschenk und ein unvergessliches verlängertes Wochenende. Paris hatte ich mir schon lange gewünscht, bisher aber noch nicht bereist. Wir hatten fast alle Sehenswürdigkeiten besichtigt, da ich vorher alle Standorte ausgemacht und die Routen festgelegt hatte. Das ist typisch ich: Planung, Struktur, so viel wie möglich sehen und mitnehmen.

Im gleichen Jahr sollte ich das erste Mal nach Kroatien fahren und das salzige Meer kennenlernen. Mit meiner Familie ging es im Urlaub fast immer in den Norden Deutschlands oder nach Österreich. Später folgten arbeitsreiche Jahre, in denen ich auf eine Fortbildung sparte und sie auch erfolgreich absolvierte. Kroatien ist ein sehr schönes Land. Und auch das Meer, Dalmatien. Wir hatten unseren Sommerurlaub in der Stadt Pag, auf der Insel Pag verbracht. Pag - ein besonderer Ort für

mich, für uns. Jedes Jahr waren wir dort hingefahren und hatten auch „unsere" Orte gefunden, mit denen wir schöne Erinnerungen verbanden.

Wir kehren jedes Jahr bei der netten Bar direkt an der Pager Brücke (Paški most) ein und genießen für einige Zeit den Ausblick bei einem landestypischen Kaffee und Radler. Hier begrüßen und verabschieden wir das Meer und freuen uns ob der tollen Wochen, die noch vor oder bereits hinter uns liegen. Bevor es zum Haus in Pag geht, legen wir noch einen Stopp bei der Ruine des Kastells aus dem 17. Jahrhundert ein, um Bilder von der Umgebung und den dort lebenden Katzen zu machen. 2015 waren wir einige Male bei der Ruine eingekehrt. Am 17.08.2015 hatte mir Sandra an eben dieser Ruine einen ganz speziellen und romantischen Heiratsantrag gemacht, den sie schon Wochen zuvor geplant hatte.

Es fing mit den Ringen an. Gott sei Dank kannte sie meinen Geschmack. Sie überlegte auch lange, wie sie den Heiratsantrag genau gestalten will. Und, das muss ich neidlos zugestehen, der Antrag war mehr als einzigartig. Wir waren gerade auf der Insel Pag angekommen und ich war mit Fotografieren der Ruine beschäftigt. Sandra stand ein wenig abseits des Kastells in Richtung Meer, als sie auf einmal meinte, dass ich zu ihr kommen soll. Ich lief zu ihr und folgte ihrer ausgestreckten Hand, die auf eine Plastikflasche zeigte. Ich reagierte nicht wirklich und wollte mich wieder dem Fotografieren widmen, als Sandra meinte, dass es schon echt frech ist, wie die Touristen ihren Abfall einfach wegwerfen und die Umwelt verschmutzen. Sandra war kurz ruhig, bevor sie sagte, dass das wohl eine Flaschenpost ist. Ich reagierte immer noch nicht. Sandra musste mich schon sehr dazu drängen, die Flasche an mich zu nehmen und sie mir genauer anzusehen. Sandra schmun-

zelte: „Scheint so, als wäre der Inhalt der Flasche an Dich gerichtet." Wie bitte? Ich sah genauer hin und war erstaunt, dass mein zweiter Vorname auf der Flasche zu lesen war.

Okay. Merkwürdig. Ausgerechnet der Name Anika auf einer Flasche mit einem zusammengerolltem Stück Papier darin. Und das im Ausland? Ich wollte die Flasche eigentlich gar nicht an mich nehmen. Wer hebt schon Müll auf? Aber Sandra bestand darauf. Also hob ich sie auf, öffnete sie und zog die Papierrolle heraus. Der Brief war an mich adressiert. Ich sah Sandra ein wenig ungläubig über den Rand des in meinen Händen befindlichen Briefes hinweg an. Ein zufriedenes Grinsen kam mir entgegen. Okay. Ich richtete den Blick wieder auf die Buchstaben und las. Es waren Worte der Liebe, unserer gemeinsamen Vergangenheit und Erlebnisse, alles was uns verband und am Ende ein wunderschön in Worte gefasster

Heiratsantrag. Ich musste sehr grinsen, ich hatte Freudetränen in den Augen. Ich war sehr überrascht und angetan.

Als ich meinen Blick wieder erhob und Sandra ansah, hielt sie eine weiße kleine Schatulle in der Hand, in der zwei Ringe lagen. Sie strahlte mich warm an, das Fragezeichen konnte ich förmlich auf ihrer Stirn sehen. Ja! Klar wollte ich diese Frau heiraten. Sie ist mein passendes Gegenstück, das galt damals und wird auch in der Zukunft so sein. Wir küssten und umarmten uns sehr lange. Die Flasche samt zusammengerolltem Antrag halte ich in Ehren, sie hat einen besonderen Platz im Regal bekommen. Schon der Verlobungsring war für mich ein besonderes Symbol unserer Zweisamkeit.

Wir genossen diesen Sommerurlaub als Verlobte und planten schon ein wenig unsere Hochzeit. Für uns beide war klar, dass wir heiraten wollen, so-

bald die Ehe für alle zulässig ist. Wir wollten keine eingetragene Lebenspartnerschaft anstreben. Es sollte eine Verbindung sein, die einen nicht täglich outet, auch nicht im Nachgang, wenn beispielsweise nach dem Familienstand gefragt wird und man angeben muss, verpartnert zu sein. Es sollte auch keine „Ehe zweiter Klasse" sein, nur damit man nach außen hin eine Einheit bildet. Bitte nicht falsch verstehen. Aber wir hatten schon immer von einer „normalen Ehe" geträumt, immer auch gehofft, dass wir deren rechtliche Umsetzung und Einführung miterleben würden. Um so mehr freute ich mich darüber, dass wir kurze Zeit später richtig und rechtlich anerkannt heiraten durften. Ab dem 01.10.2017 war es endlich soweit, die Homo-Ehe war ca. Auf unsere Hochzeit gehe ich in einem späteren Kapitel noch einmal ein.

Coming-out

Irgendwann wird sich jeder Mensch, der sich eher zum eigenen Geschlecht hingezogen fühlt, selbst die Frage stellen, ob er sich weiterhin verstecken möchte oder offen mit seiner sexuellen Orientierung leben will. Der Schritt des nach außen Tretens ist immer abhängig vom eigenen Gemütszustand, wie glücklich oder unglücklich man sich in seiner Haut fühlt und ob man zu sich selbst steht oder nicht. Im eigentlichen Sinne ist das Coming-out gegliedert in zwei Schritte: inneres und äußeres Coming-out. Also sich zuerst eingestehen und bewusst darüber werden, dass man homosexuell ist, sich annehmen und dann der Schritt in die Öffentlichkeit, des sich Erklärens. Warum ich hier explizit sich erklären schreibe? Heterosexuelle Menschen haben kein Coming-out, da ihre sexuelle Identität gesellschaftlich anerkannt ist und als normal gilt. Sie erklären sich nicht.

Manche Menschen haben ihr Coming-out schon recht früh, so im Alter von 11 Jahren oder später, wobei die meisten doch im Schulalter, also während der Pubertät, zu ihrer sexuellen Orientierung stehen und das auch öffentlich. Leider führt ein Coming-out nicht immer zu einem gewünschten, sprich positiven Ergebnis. Manchmal mündet das öffentlich zu sich stehen in schwere Krisen oder suizidale Gedanken oder Handlungen.

Coming-out bedeutet „herauskommen" und umfasst fünf Phasen, die keiner Zeitvorgabe unterliegen. Es gibt Menschen, die die Phasen recht schnell durchlaufen und Menschen, die hierfür mehrere Jahre oder gar Jahrzehnte benötigen. Ein Mensch wird nach seinem Coming-out mit Sicherheit glücklicher leben, da er bei neuen Bekanntschaften als starke Persönlichkeit mit Selbstbewusstsein auftritt und als homosexuell wahrgenommen wird. Sie müssen sich nicht verstecken, tun dies nur, um sich keinen Angriffen von außen aussetzen zu müssen. Menschen, die sich nicht outen, müssen aufpassen was sie sagen, müssen viel verstecken, was mit der Zeit krank macht.

Ein Coming-out umfasst fünf Phasen

Prä-Coming-out-Phase

Schon in jungen Jahren spüren einige Betroffene, dass sie anders sind, wobei sie im Kindesalter noch nicht wirklich sagen können, wie genau sie das meinen. Sie fühlen sich einfach nur anders beziehungsweise sie haben das Gefühl, dass sie anders sind als das „Normale". Dies ist praktisch der Startpunkt des Coming-out. Diese Phase kann, je nachdem, in welchem Alter man die „Andersartigkeit" bei sich bemerkt, über Jahre andauern, bevor man seine Gefühle konkret und richtig einordnen kann und sich mit seiner Identität auseinandersetzt. Meist fällt diese Phase in die Pubertät, also in die Zeit, in der man anfängt, sich für Liebe und Partnerschaft zu interessieren.

Phase des inneren Coming-out

In diese Phase fällt die Selbstfindung. Der Betroffene begreift seine Gefühle, dass er sich zum gleichen Geschlecht hingezogen fühlt und versteht, dass er nicht wie die anderen ist. In der Zeit hat man auch schon Erfahrungen sammeln können in Bezug auf Vorurteile und negative Ansichten der Gesellschaft gegenüber Homosexuellen. Der Betroffene überträgt diese auf sich und stellt seine eigene Person sowie seine sexuelle Orientierung in Frage. Er hat Angst vor Diskriminierung, Ausgrenzung und Ächtung, da er noch nicht wirklich Erfahrungen in seiner Andersartigkeit gesammelt hat.

Phase der Stigmavermeidung

In dieser Zeit versucht der Betroffene, sich nicht stigmatisieren zu lassen. Das funktioniert vermeintlich aber nur, wenn er seine Gefühle und Sehnsüchte verdrängt, herunterspielt und hintenan stellt. Betroffene lassen sich manchmal auch auf heterosexuelle Beziehungen ein, nur um den anderen vorzuspielen, normal zu sein und zu leben. Meist führt dies aber zu einem verringerten Selbstwertgefühl, Depressionen und sozialem Rückzug. Hin und wieder leider auch zu Alkohol- und Drogensucht. Hauptsache das „eigentliche Ich" wird verheimlicht. Gerade in der Pubertät ist der Suizid bei Homosexuellen verbreiteter als bei gleichaltrigen Heterosexuellen.

Selbstannahme-Phase

In dieser Phase werden die Sehnsüchte nach einem Partner immer größer, ebenso der Leidensdruck des Versteckens und die Unzufriedenheit mit sich selbst. Man möchte sich nicht mehr verstecken und hinterfragt das gesellschaftliche Bild, das Heterosexuelle über Homosexuelle haben. Der Betroffene möchte endlich ausbrechen, anfangen zu leben, sammelt deshalb Informationen und trifft sich mit anderen Gleichgesinnten. Hier setzt der Prozess der Selbstannahme ein, man möchte offen leben, wie alle anderen auch. Man möchte von seinem Umfeld unterstützt werden, sich selbst akzeptieren und auch endlich positive Gefühle und Erleichterung empfinden, einfach nur glücklich sein. Auch glücklich darüber, endlich zu sich selbst gefunden zu haben.

Phase des äußeren Coming-out

Diese ist die letzte Coming-out-Phase, die auch die Konfrontation mit der Gesellschaft umfasst. Wem gegenüber möchte man sich outen? Ist ein Outing unbedingt erforderlich? Ja, klar, zumindest wenn man glücklich leben will. Hier gilt: je erfolgreicher und gestärkter die innere Phase durchlaufen wurde, umso leichter hat man es in der äußeren Phase. Selbst negative Erfahrungen beim nach außen outen treffen einen nicht so sehr. Eben diese letzte Phase ist immer gegenwärtig, da der Betroffene oft in Situationen kommt, in denen er sich entscheiden muss, ob er sich outen will oder nicht.

Im Gegensatz zum Coming-out ist das „Outing" kein freiwilliger Prozess, sondern durch fremde Personen vorgenommen.

Coming-out

Mein Coming-out

Da das Buch bestückt sein soll mit eigenen Erfahrungen und Erlebnissen aus meinem Leben, muss auch meine eigene Coming-out-Story im Nachgang zu den allgemeinen Informationen erfolgen.

Dass ich nicht ganz so gestrickt bin wie andere Kinder in meiner Umgebung, war mir schon im Kindergarten klar, da ich nie die gleichen Sachen so toll fand wie meine ältere Schwester oder meine Freundinnen: Jungs. Mich interessierten Jungs eigentlich wenig. Wenn, dann nur, um mit ihnen über Autos und Tuning zu reden, mich in Karate mit ihnen zu messen oder, später dann, mit ihnen über Mädchen zu reden. Ich hatte immer schon lieber Mädchen hinterher gesehen und immer wieder überlegt, wie es wohl sein würde, sie als feste Freundin zu haben. Auch das Bedürfnis, sich in der Nähe von Mädchen zu wissen, war recht groß.

Klar machte ich mir damals schon auch Gedanken darüber, warum ich nicht so denke wie alle anderen, warum es sich bei mir so anders anfühlt und vor allem, warum ich nicht auch Jungs einfach toll finde. Kinder haben eine beste Freundin, von der man sich einiges abschauen kann, gerade in puncto Styling oder Auftreten oder sonstige Interessen, einfach Vorbildfunktion. Ich wollte aber nie in einer Clique von Mädchen integriert sein, da mich deren Themen nie wirklich ansprachen: so typisches Mädchen-Blabla, vor allem über Jungs. Ich bevorzugte eher andere Themen, die so rein gar nichts damit zu tun hatten.

Dass ich Mädchen interessanter fand als Jungs, sollte auch in der Grundschule fortbestehen, wo ich meinen ersten Schwarm, eine Klassenkameradin, kennenlernte. Sie wurde auch meine beste Freundin, so konnten wir viel Zeit miteinander verbringen, ohne dass es auffällig gewesen wäre, dass wir ununterbrochen aneinander klebten. Mit ihr hätte ich mir eine Hochzeit und Familienplanung vorstellen können, so das typische Erwachsenenbild, das jeder irgendwann verwirklicht haben möchte. Nur eben nicht ganz wie alle anderen.

Leider lebten wir uns auseinander, als sich unsere Wege aufgrund von weiterführenden Schulen trennten. Zu der Zeit wäre ich auch noch nicht in der Lage gewesen, über meine Gefühle offen mit irgendjemandem zu sprechen. Damals wusste ich noch nicht so recht, warum ich Mädchen interessanter fand. Und so lange man mit sich nicht wirklich im Reinen ist, kann man sich auch noch nicht outen. Mich selbst zu finden war wirklich nicht einfach, da ich im näheren Umfeld, egal wo auch immer ich hinsah, immer nur das „normale" Pärchenbild wahrnehmen konnte. Es gab einfach nur Mann und Frau.

Mit 13 Jahren dann sollte sich meine Welt ein wenig schneller drehen und mich zu der Person machen, die ich heute bin: eine selbstsichere Frau, die Frauen liebt und zu sich selbst und ihrer Frau steht. Meine ganze Kindheit hindurch hatte ich immer wieder fröhliche und glücklich Verliebte gesehen, mir selbst war das bis zu diesem Zeitpunkt leider noch nicht gegönnt gewesen. Das sollte sich nun aber ändern. Ich hatte eine Anzeige in eine Zeitschrift gesetzt, da eine größere Anime-Manga-Veranstaltung geplant war. Ein Mädchen hatte sie gelesen und sich bei mir gemeldet, woraufhin eine Brieffreundschaft entstand, die lange anhalten sollte. Nachdem wir uns einige Male geschrieben hatten, besuchte mich das Mädchen dann auch. Ich freute mich wahnsinnig, als das süße Mädchen mir in meinem Zimmer gegenübersaß und wir uns über die Veranstaltung unterhielten und auch einen gemeinsamen Besuch dort planten. Im Laufe des Gesprächs bekam ich dann einen Kuss von ihr auf die Wange, was auch gleichzeitig der Beginn meiner ersten Beziehung war.

Ich war so begeistert von meiner ersten festen Freundin, dass ich es auch sofort meinen Eltern erzählte, zuerst meiner Mutter, gefolgt von einem Gespräch mit meinem Vater. Beide waren leider nicht sonderlich begeistert, zumal es kein bisschen üblich war und sie sich eine einfachere Zukunft für mich gewünscht hatten, ganz normal mit einem

Mann an meiner Seite. Aber so war ich eben, daran konnte ich nichts ändern. Das sucht man sich ja nicht aus. Es dauerte zwar einige Zeit und umfasste auch viele intensive Gespräche, aber mit der Zeit tolerierten meine Eltern es immer mehr, bis sie es schließlich vollends akzeptierten.

Beim Rest der Familie wollte ich auch nicht lange warten. Es musste raus. Ich stand zu meinem Lesbischsein, auch zu meinem Leben. Ich wusste, dass ich okay war wie ich war. Eigene Akzeptanz. Das ist wichtig. Und ich akzeptierte mich wirklich. Ich beschloss, mich niemals zu verstellen oder zu verstecken. Das würde meine Familie tolerieren müssen. Ich war ja immer noch ich. Und meine Eltern hatten es ja recht gut aufgenommen und mit der Zeit immer weniger Probleme damit.

Also begann ich meine „Ich muss Dir was sagen"-Runde bei meiner großen Schwester, die schon in eine eigene Wohnung gezogen war. Sie fand es kein bisschen schlimm, dass ich lesbisch bin. Sie meinte, dass sie mich trotzdem liebt und immer für mich da sein wird. Mir fiel ein großer Stein vom Herzen. Danach erzählte ich es meinem kleinen Bruder, der es auch ziemlich gut aufnahm. Zum Schluss dann weihte ich auch noch meinen großen Bruder ein, als ich ihn besuchte. Er war zwar anfänglich ein wenig verwundert, hätte damit nicht gerechnet. Aber er fand es auch okay. Mit der Rückendeckung meiner ganzen Familie hatte ich nun noch mehr Auftrieb und wusste, dass ich trotzdem geliebt werde.

So kam es, dass meine erste Freundin auch gleich als feste Freundin meinen Eltern und Geschwistern vorgestellt wurde. Auch wenn meine Eltern, hier vor allem meine Mutter, eine Zeit lang benötigten, um diese „andere Lebensweise" zu akzeptieren, nahmen sie meine Freundin recht herzlich auf. Es war okay wie es war. Ich, mein Anderssein und meine erste Freundin waren akzeptiert.

Coming-out

Sandras Coming-out

Meine Frau war sich schon sehr früh bewusst darüber, dass sie anders ist. Während ihre Zwillingsschwester immer wieder davon sprach, wie süß doch dieser oder jener Junge war, konnte Sandra ihre Augen immer nur auf Mädchen halten. Anfangs bekümmerte sie das weniger, da sie glaubte, dass dies eventuell normal ist, einfach aus dem Grund heraus, dass Kinder und Jugendliche meist immer ein Vorbild suchen. Aber komisch wurde es ihr, als sie sich „mehr als üblich" in ihre Klassenkameradin in der vierten Klasse verliebte. Sandra wusste, dass ihre Gefühle diesem Mädchen gegenüber deutlich tiefer gingen. Sie wollte ihr gerne sehr oft nahe sein und malte sich auch öfter eine Zukunft mit ihr aus, natürlich wie es alle anderen auch tun, mit zusammenziehen, heiraten, Kindern und vielem mehr.

Über ihre Gedanken und Gefühle konnte sie mit niemandem reden. Sandra hatte einmal direkt nach der Grundschule mit ihrer Zwillingsschwester das Gespräch gesucht, die aber meinte, dass das eine vorübergehende Phase ist. Die andere Schwester wollte Sandra dann gar nicht erst mit dem Thema behelligen. Mit ihren Eltern darüber zu sprechen, kam für meine Frau aber auch nicht wirklich in Frage: katholisch und südländisch, das geht gar nicht. So hüllte sich Sandra in Schweigen und versuchte, sich so normal wie nur eben möglich nach außen hin zu verkaufen. Es folgten einige Möchtegern-Freunde, wobei es hier meist beim Händchenhalten und Bussi blieb.

Das Problem war, dass meine Frau Sandra nur heterosexuelle Menschen im Umfeld hatte, hier niemanden zum Sprechen fand und sich so auch in die heterosexuelle Welt einfügte. Sandra hatte noch nicht wirklich zu sich selbst gefunden, konnte sich auch nicht mit dem Gedanken anfreunden, dass sie lesbisch sei. Solange man sich selbst nicht akzeptiert, wird man nie mit anderen Menschen offen darüber sprechen können.

Im jungen Erwachsenenalter gab es dann noch eine längere lesbische Partnerschaft, von der aber niemand im familiären und freundschaftlichen Umfeld von Sandra auch nur ansatzweise etwas wusste. Zu diesem Zeitpunkt spielte Sandra auch mit dem Gedanken, Nonne zu werden. Warum nicht? Hier fragt mit Sicherheit niemand, warum man keinen Freund hat, da man ja mit Gott verheiratet ist. Irgendwann kam dann auch noch mal ein Freund, der eigentlich ein guter Fang gewesen wäre: reiche Eltern, Haus auf Mallorca. Aber es stimmte einfach nicht, er hatte das falsche Geschlecht.

Über Internet hatte Sandra dann ihre erste richtige Freundin kennengelernt, mit der sie insgesamt 15 Jahre eine Beziehung führte. Zwar geheim gehalten, nur die beiden Schwestern von Sandra wussten Bescheid und tolerierten, akzeptierten die neue Situation. Aber weder Mutter noch Vater wurden über die Beziehung in Kenntnis gesetzt. Zwischendurch hatten sich beide auch getrennt, da die Beziehung aufgeflogen war und dem Vater von Sandras Freundin übel aufstieß. Deshalb hatte man die Beziehung auf Eis gelegt. Aufgelebt wurde sie erst ein Jahr später wieder. Aber immer noch geheim.

Sandra hatte sich in der Zwischenzeit ein Herz gefasst und das Gespräch mit ihrer Mutter gesucht. Zu schmerzhaft war die tägliche Verleugnung ihrer selbst, das ewige „Warum hast Du keinen Freund? Du bist doch nicht hässlich." Sandra hatte sich in der Trennungszeit selbst gefunden und komplett akzeptiert. Sie wollte sich nicht weiter verstecken. Sie war kein Single und musste trotzdem so tun.

Sandra ging auf ihre Mutter zu und fragte, ob sie ein persönliches und vertrauliches Gespräch mit ihr führen könne. Die Mutter bejahte und so begann Sandra mit ihrer „Beichte". Ihre Mutter war anfangs sehr geschockt, weinte und meinte, dass sie gerne ein Enkelkind gehabt hätte. Das war ja ein Ausschlusskriterium für Kinder! Sandras Mutter beschäftigte sich sehr damit, was der Rest der Familie denken könnte. Es kamen auch typische Nachfragen, was die Mutter falsch gemacht hatte in der Erziehung, warum das Kind nicht normal geworden ist. Sandra sicherte der Mutter zu, dass in der Erziehung nichts falsch gelaufen war, dass sie schon im Kindesalter wusste, dass sie sich zu Frauen hingezogen fühlte. Die Mutter konnte es nicht ganz verstehen. Sie nahm ihre Tochter aber in den Arm und sagte ihr, dass sie sie liebt. Sandra war erleichtert. Nach und nach wollte meine Frau sich outen, nach ihrem eigenen Fahrplan und so, dass sie sich damit wohl fühlte. Dass das nicht von heute auf morgen ging, war ihr bewusst.

Es sollten noch weitere fünf Jahre ins Land gehen, bis sich Sandra in der ganzen Familie outen würde. Sandras Beziehung ging weiter, aber nur halb so toll wie sie hätte sein können, da es über die Jahre hinweg immer ein Versteckspiel war. Freunde, Kollegen auf der Arbeit, Bekannte, sie alle wussten schon immer Bescheid. Als die 15-jährige Beziehung von Sandra zerbrach, stand zumindest ein Entschluss unumstößlich fest: Das Outing in der gesamten Familie. Die nächste Beziehung sollte auf keinen Geheimnissen aufgebaut sein. Sandra schämte sich ihrer nicht und sie würde sich auch nicht mehr verstecken. Es war Neujahr 2011 und das Jahr sollte mit keiner Lüge zu Ende gehen. Deshalb sagte sie ihrer Mutter, dass sie von nun an nicht mehr lügen wollte und konnte. Die Mutter reagierte verständnisvoll, sie hatte sich wohl an die Homosexualität ihrer Tochter gewöhnt. Die Mutter liebte sie und stand hinter ihr. Sandra ging also auf ihren Vater zu und nahm ihn zur Seite. Als sie ihm sagte, dass sie lesbisch ist, nahm er sie einfach in den Arm und weinte leise. Er sagte, dass er sie liebe, egal was. Und so begann das Outing in der restlichen Familie.

Transsexualität, Transgender

Transgender-Symbol
Es beinhaltet das Venus- und das Marssymbol, zusätzlich einen Arm für Transgender.

Wer über Homosexualität berichtet, sollte auch näher auf Transgender eingehen. Auch heute noch wird diese Personengruppe sehr ausgegrenzt und kaum jemand befasst sich mit ihren Lebens- und Leidensgeschichten.

Was versteht man unter Transgender? Das Wort leitet sich ab von „trans" (lateinisch für jenseits) und „gender" (englisch für soziales Geschlecht). Es handelt sich um Menschen, die „im falschen Körper geboren wurden", sich also nicht im eigenen Körper wohl fühlen, da sie sich dem anderen Geschlecht zuordnen. Bei der Geburt wird schnell festgestellt, ob es sich um einen Jungen oder um ein Mädchen handelt. Doch die angeborenen, sichtbaren Geschlechtsteile spiegeln bei Transgendern nicht die eigentliche sexuelle Identität wieder. Soll heißen, dass sich beispielsweise ein Mädchen nicht unbedingt wie ein Mädchen fühlt, lieber die Geschlechtsmerkmale eines Jungen hätte, da sie sich eher als Mann sieht und nicht als weibliches Wesen.

Menschen, die im richtigen Körper geboren wurden, sich also auch mit ihrem angeborenen Geschlecht wohl fühlen, werden als Cisgender bezeichnet, wobei das „cis" für diesseits steht (lateinisch). Cisgender stammt von „Zissexualität", einem Begriff, den der Sexualwissenschaftler Volkmar Sigusch prägte.

Es gibt viele Bezeichnungen, wobei Transfrau und Transmann wohl die geläufigsten sind. Mitunter kennt man dann noch Trans, Genderqueer, Bigender, Pagender, genderfluid, Agender, Intersexuelle (Menschen, bei denen das körperliche Geschlecht nicht eindeutig erkennbar ist) und Neutrois (Menschen, die die Geschlechterrollen generell ablehnen). Viele Unterstufen. Dass sie sich ihrem angeborenen Geschlecht nicht zugeordnet fühlen ist nur eine Seite, welches Geschlecht sie aber lieber, eine andere: sie können heterosexuell, homosexuell, bisexuell, pansexuell oder asexuell sein.

Einige Transgender möchten daher früher oder später eine Hormontherapie oder geschlechtsangleichende Operation mit Hormontherapie in Anspruch nehmen, um sich endlich wohl zu fühlen, da sie unter ihrem falschen Geschlecht extrem leider und mit ihrem Leben sehr unzufrieden und unglücklich sind. Es ist nicht selten, dass Transgender über Jahre hinweg versuchen, dem Ideal der Gesellschaft zu entsprechen, auch wenn dies eine große Last ist und sie sehr darunter leiden. Im April 2024 hatte der Bundestag eine Reform des Namensrechts und Selbtbestimmungsgesetzes auf den Weg gebracht. Das neue Gesetz soll das seit 1980 existierende Transsexuellengesetz (TSG) ersetzen. So wird trans- und intergeschlechtlichen Menschen die Änderung von Namen und Geschlechtseintrag erleichtert.

Transmänner wollen endlich das weibliche Geschlecht abstreifen und von Frau zu Mann werden, da sie sich diesem Geschlecht eigentlich zugeordnet fühlen. Und Transfrauen wollen ihr angeborenes männliches Geschlecht loswerden und als Frau leben. Hier gibt es aber auch wieder Transgender, die sich für keine Geschlechtsangleichung entscheiden, da sie sich keiner Kategorisierung unterwerfen wollen, sich einer eindeutigen Geschlechtszuordnung entziehen. Mitunter werden hier auch oft Transsexuelle, Androgyne und Cross-Dressing genannt. Auch Personen, die die meiste Zeit ihres Lebens Transvestie betreiben, also Dragkings und Dragqueens, gehören in den Kreis der Transgender.

Woher kommt eigentlich der Begriff Transgender?

In den USA wurde zwischen 1970 und 1980 die Zeitschrift „Transvestia" von Virginia Charles Prince herausgegeben, die sich selbst als heterosexueller Transvestit bezeichnete. Sie wurde am 23.11.1912 in Los Angeles geboren, wo sie am 02.05.2009 auch verstarb. Geboren wurde Virginia Charles Prince als Arnold Lowman, als Sohn eines Chirurgen und einer Immobilieninvestorin. Schon mit 12 Jahren hatte Prince zum ersten Mal die Kleidung ihrer Mutter angezogen und Frauenkleider während der High School-Zeit auch öffentlich getragen. Sie wurde von der Außenwelt als Frau wahrgenommen und hatte im Alter von 18 Jahren bei einer Halloween-Party einen Preis für das beste Aussehen erhalten. Sie veröffentlichte neben dem Magazin auch einige Bücher. Prince bezeichnete sich immer als heterosexueller Transvestit, um sich von Homosexuellen abzuheben, was man auch an ihrem Lebensweg sieht. Sie war einige Jahre mit einer Frau verheiratet, mit der sie auch ein Kind bekam. Leider wurde die Ehe geschieden, da ihre Frau nicht damit klarkam, dass sich ihr Mann oft in Frauenkleidern zeigte.

In den USA war der Begriff Transgender bereits seit 1980 in Gebrauch, wohingegen er in Europa erst 1995 Einzug hielt. Mitte der 1990er sprach man noch von FzM (Frau zu Mann) und MzF (Mann zu Frau), später dann von Transmann und Transfrau, transmaskulin und transfeminin. Das liegt auch daran, dass sich Transgender immer mehr in der Öffentlichkeit zeigen und die Akzeptanz in der Bevölkerung auch immer größer ist und wird.

Zwar ist unsere Gesellschaft und der größte Teil Europas immer moderner und bindet mehr Randgruppen auch rechtlich mit ein. Leider ist dies aber nicht in allen Ländern der Fall. So wird in einigen US-amerikanischen Counties sogar das öffentliche Tragen von Kleidung, das nicht zum angeborenen Geschlecht „passt", strafrechtlich verfolgt; in vielen muslimischen Ländern sogar mit der Todesstrafe geahndet.

Seit kurzem zählt Transsexualität nicht mehr als Geschlechtsidentitätsstörung zu den Persönlichkeits- und Verhaltensstörungen („F64.9 – Störung der Geschlechtsidentität, nicht näher bezeichnet"), sondern wird als geschlechtliche Nichtübereinstimmung mit medizinischer Relevanz definiert. Die Kostenübernahme einer Geschlechtsangleichung ist in Deutschland seit 1980 im Transsexuellengesetz (TSG) geregelt. Nicht selten kommt es vor, dass Transgender schwere psychische Störungen, Depressionen oder Suchtprobleme entwickeln, da sie in ihrem Körper nicht glücklich sind. Auf jeden Fall müssen drei Kriterien erfüllt sein, bevor eine operative Geschlechtsanpassung vorgenommen wird:

1. Selbstdiagnose: der oder die Betroffene muss sich wirklich sicher über das gewünschte Geschlecht sein,

2. Real Life Experience: zumindest ein Outing im Familien- und/oder Freundeskreis,

3. der oder die Betroffene muss einen positiven und realistischen Blick auf das Leben mit dem Wunschgeschlecht haben.

Transgender-Flagge

Die Flagge hat fünf Balken: die äußeren türkis,
dann nach innen zwei rosa und in der Mitte ein
weißer Balken, der für Transitionierende, Nichtbinäre, Intersexuelle steht.

Intersexualität

Symbol Intersexualität

Intersexualität ist der Grund, warum es mittlerweile ein drittes Geschlecht gibt, auf das ich im nachfolgenden Kapitel noch genauer eingehen werde. Was genau kann man unter dem Begriff Intersexualität verstehen? Es beschreibt eine Abweichung der typischen Geschlechtsmerkmale, die für Mann oder Frau stehen. Diese sind entweder biologischer (Chromosomen) oder genetischer (Hormone) Natur. Zugeordnet wird die Intersexualität den Sexualdifferenzierungsabweichungen, auch DSD genannt (englisch: disorders of sex development). Das Deutsche Institut für Medizinische Dokumentation und Information (DIMDI) hat in der ICD-10-GM-2018 in Kapitel XVII Angeborene Fehlbildungen, Deformitäten und Chromosomenanomalien auch angeborene Fehlbildungen der Genitalorgane stehen, also auch das unbestimmte Geschlecht und Pseudohermaphroditismus. Betroffene und Ärzte nutzen seit 2015 den Begriff Intersexualität oder „Varianten/Störungen der Geschlechtsentwicklung", seit Anfang 2019 auch den Begriff „Drittes Geschlecht", was im nächsten Kapitel genauer erklärt wird.

Das Wort Intersexualität besteht aus „inter" und „sexus" (beides lateinisch, inter für zwischen, sexus für Geschlecht) und wurde 1915 das erste Mal vom Genetiker Richard Goldschmidt geprägt. Intersexuelle sind keineswegs zu verwechseln mit Transgender oder Transsexuellen. Transgender fühlen sich ihrem biologischen Geschlecht nicht zugehörig und wollen auch in keine Schublade gesteckt werden, was auch bei einigen Intersexuellen zutrifft. Jedoch wollen beide Gruppen nicht in einen Topf geworfen werden. Transsexuelle sind biologisch eindeutig definiert, fühlen sich aber doch dem anderen Geschlecht zugehörig. Sie sind als Persönlichkeits- und Verhaltensstörungen, Störungen der Geschlechtsidentität bekannt. Intersexuelle Menschen aber durchlaufen mehrere Untersuchungen, bis sie wissen, was mit ihnen „nicht stimmt" (beispielsweise Chromosomenanalyse).

Ab 1960 wurde in Deutschland bei Kindern meist schon im Neugeborenenalter eine genitalangleichende Operation durchgeführt, wenn keine eindeutige Bestimmung des Geschlechts erfolgen konnte. Meist wurden diese Eingriffe ohne wirksame Einwilligung der Eltern vorgenommen oder mit einer schlechten und nicht wirklich ausreichenden Aufklärung. Heute kaum vorstellbar, weil so eine Operation einen großen Eingriff in die körperliche Unversehrtheit darstellt und auch den Menschen im Erwachsenenalter die Chance nimmt, sich selbst für das passende Geschlecht zu entscheiden. Vielleicht hätte ein auf Junge angeglichener Intersexueller glücklicher leben können, wenn die Wahl damals auf Mädchen gefallen wäre. Somit wurde dem intersexuellen Menschen auch ein enormer Leidensweg aufgezwungen, der vermeidbar gewesen wäre. Und das alles nur, um nach der Geburt sagen zu können, dass es ein Mädchen oder ein Junge ist.

Seit 1794 konnten die Eltern das Geschlecht wählen, wenn es nicht eindeutig festzustellen war, geregelt im Preußischen Allgemeinen Landrecht, dem sogenannten Zwitterparagraphen. Mit Erreichen des 18. Lebensjahres konnte der Zwitter entscheiden, welches Geschlecht er annehmen würde. Als Ende des 19. Jahrhunderts das Personenstandsrecht eingeführt wurde, trat eine Zuweisung von Amts wegen in „männlich" oder „weiblich" in Kraft. Grund hierfür: von Forschern wurde das Vorkommen von Zwittern bei Menschen nicht anerkannt, da bei ihnen eine Selbstbefruchtung ausgeschlossen ist. Seit 2009 konnte auf Verlangen darauf verzichtet werden, ein Geschlecht in die Geburtsurkunde einzutragen, ab dem 01.11.2013 wurde die Geschlechtsangabe im Geburtenregister schon von vornherein weggelassen (§ 22 Abs. 3 PStG), wenn das Geschlecht nicht zweifelsfrei festgestellt wurde. Seit dem 22.12.2018 kann nun auch das Geschlecht „divers" gewählt werden. Dieses Thema wird nachfolgend erklärt.

Drittes Geschlecht - Divers

Symbol für das dritte Geschlecht, Divers

„Drittes Geschlecht" (divers) bezeichnet Menschen, die sich weder dem Geschlecht Mann noch Frau zuordnen lassen können oder wollen. Seit dem 1. Januar 2019 ist die Bezeichnung auch offiziell rechtlich in Nutzung, die auch im Geburtenregister und sonstigen Ausweisdokumenten zu finden ist. Im Reisepass beispielsweise steht bei der Geschlechtsangabe ein X. Diese neue Regelung soll rund 160.000 Menschen in Deutschland betreffen. Zum ersten Mal hat man vom dritten Geschlecht im Roman von Ernst von Wolzogen 1899 gelesen, „Das dritte Geschlecht", in dem er von der bisexuellen Claire de Vries erzählt.

Drittes Geschlecht meint eine Sexualdifferenzierungsstörung und eine Geschlechtsidentitätsstörung. Den Begriff hatten in den letzten Jahren vor allem Vertreter der LGBTQ*-Community gefordert. Allein in Deutschland werden jährlich rund 150 intergeschlechtliche Babys geboren, bei denen sich das Geschlecht nicht feststellen lässt. Ärzte waren hier überfordert und bisher wurde das Geschlecht einfach ausgelassen beziehungsweise die Eltern konnten entscheiden, welches Geschlecht eingetragen wird. Die Eltern entschieden dann auch, welcher operative Eingriff vorgenommen wird: sollte das Baby männlich oder weiblich werden?

Nun kann das Geschlecht bei der Geburt als divers eingetragen werden, wobei hier nachträgliche Änderungen des Betroffenen möglich sind. Notwendig ist hier nur ein Attest, das eine „Variante der Geschlechtsentwicklung" nachweist oder eine eidesstattliche Erklärung. Wenn es sich um unter 14-Jährige handelt, müssen die Eltern eine Erklärung abgeben. Bei 14- bis 18-Jährigen muss der Jugendliche selbst eine Erklärung abgeben, wobei die Eltern der Änderung im Register zustimmen müssen oder ein Familiengericht hier entscheidet. Vor allem gilt der Eintrag Divers für Menschen, bei denen sich das Geschlecht nicht eindeutig zuordnen lassen kann, wenn sie beispielsweise auch beide Geschlechtsmerkmale aufweisen. Früher hatte man hierfür die Begriffe Hermaphrodite oder Zwitter genutzt.

Als Vorgeschichte dieser neuen gesetzlichen Regelung gilt eine Klage aus dem November 2017 von Vanja, einer intergeschlechtlichen Person, die sich weder als Mann noch als Frau sah, im Geburtenregister aber als weiblich geführt wurde. Ihre Eltern hatten sie seinerzeit so eintragen lassen, obwohl Vanja nur ein X-Chromosom besitzt (normal bei Frauen sind zwei X-Chromosome). Demnach also eine falsche Entscheidung, die es galt, anders zu gestalten. Eine weitere, dritte Möglichkeit sollte geschaffen werden.

Das dritte Geschlecht sorgt für einige Änderungen, vor allem auch in der Berufswelt. Angefangen schon bei der Stellenanzeige, hier steht neben den bekannten Buchstaben „m" und „w" nun auch ein „d" für divers. Unternehmen, die ab dem 01.01.2019 in ihren Stellenanzeigen nur Männer oder Frauen ansprechen, müssen mit einer Klage rechnen, also sollte immer „m/w/d" aufgeführt werden. Und auch was den Schriftverkehr anbelangt, sollte man lieber den sogenannten „Genderstern" nutzen, um beispielsweise bei der Anrede niemanden auszulassen. Die Anrede könnte daher z.B. lauten: „Liebe Kolleg*innen".

Homosexualität im Tierreich

Auch wenn es bei Menschen leider immer noch nicht salonfähig ist, im Tierreich ist Homosexualität total normal. Das liegt wohl daran, dass sie keine Vorurteile haben, aber auch daran, dass ihr Sozialgefüge dadurch gestärkt wird oder auch daran, dass Tiere durch Sex Konflikte lösen und sich auch ihre Loyalität und Zuneigung bezeugen. Schon Aristoteles hatte vor mehr als 2.300 Jahren über schwule Hyänen berichtet.

Auch wenn in den Medien immer wieder groß über gleichgeschlechtliche Tierpaare berichtet wird, als wäre es etwas Einzigartiges, man denke beispielsweise an die schwulen Pinguine, muss man sagen, dass gleichgeschlechtliche Liebe in der Tierwelt gar nicht so selten ist, wie man glaubt. Zwar wurden immer wieder Beobachtungen von gleichgeschlechtlichem Sex bei Tieren gemacht, die von Forschern aber als „freundliche Begrüßung", Versöhnungsgebaren oder ähnliches fehlinterpretiert wurden, nach dem Motto: es kann kein vergnüglicher sexueller Akt sein.

Auch was Nachwuchs bei gleichgeschlechtlichen Tierpaaren anbelangt, konnte schon beobachtet werden, dass Pinguine oder Flamingos gerne Eier aus fremden Nestern stehlen, um sie selbst auszubrüten. Oder einfach fremde, verstoßene Küken adoptieren und selbst großziehen. Bei schwarzen Schwänen in Australien ist es völlig normal, dass Männchen und Weibchen sich nur zusammentun, um für Nachwuchs zu sorgen, wobei das Weibchen sich nicht um das Junge kümmert, sondern zwei homosexuelle Männchen. Offenkundig bisexuell sind beispielsweise Bonobos, Menschenaffen. Sie haben oft und gerne Sex, mit dem gleichen Geschlecht aber auch mit dem anderen.

Delphine sind hier auch sehr interessant: Beziehungen zwischen Männchen und Weibchen sind eher von kurzer Natur, wohingegen gleichgeschlechtliche Verbindungen Jahre lang halten. Rund 30% der Laysanalbatros-Paare sind lesbisch und bleiben auch ein Leben lang zusammen. Sie lassen die Eier zwar von Männchen befruchten, sorgen aber dann gemeinsam für das Jungtier. Auch bei Giraffen ist Homosexualität völlig normal, rund 90% aller beobachteten Liebesbekundungen wie Hälse am Körper des anderen reiben, sind gleichgeschlechtlicher Natur.

In der Zeit zwischen September 2006 und August 2007 gab es in Oslo eine Ausstellung über homosexuelle Paare im Tierreich. Sie trug den Titel „Wider die Natur?". Laut dem Ausstellungschef Söli sollen bei mindestens 1.500 Tierarten homosexuelles Verhalten beobachtet worden sein, von denen mindestens 500 belegt sind.

Homosexualität und Arbeitsleben

Leider stehen auch in unserer eigentlich aufgeklärten Welt nicht alle Menschen zu ihrer sexuellen Orientierung. Immer wieder liest und hört man von Menschen, die aufgrund ihrer Homosexualität Mobbing und Diskriminierung ausgeliefert waren und sind oder auch deswegen von Kollegen gemieden werden. Ungefähr die Hälfte aller Homosexuellen geben am Arbeitsplatz nicht an, dass sie schwul oder lesbisch sind.

Zugegeben, es ist auch nicht einfach. Am Arbeitsplatz gibt es einige Faktoren, die dafür sorgen können, ob man als Andersliebender gut aufgenommen und integriert oder ob einem das Leben schwer gemacht wird. Wichtig ist hier auch die Frage, wie die Chefetage dem Thema gegenübersteht. Wie die Unternehmenskultur ist oder um welche Branche es sich handelt. Ist es ein größerer Betrieb oder ein kleiner? Wie vielfältig sind die Mitarbeiter? Und letztendlich natürlich auch, wie man selbst zu sich steht, ob man seine Homosexualität normal ansieht, offen damit nach außen tritt und auch gegenüber dem Chef und Kollegen vertreten kann.

Es ist schon eine einschneidende Entscheidung, die das Berufsleben tagtäglich beeinflusst. Gebunden ist das Outing am Arbeitsplatz natürlich auch an Erfahrungen, die man bisher im Arbeitsleben gesammelt hat: gab es Probleme, Diskriminierung, hat man Bedenken wegen Beförderungen auf der Karriereleiter? Jeder muss selbst entscheiden, ob er über seine Orientierung reden möchte oder nicht. Nur sollte man bedenken, dass man, wenn man sich dafür entscheidet, nicht die Kollegen darüber zu informieren, nie über Privates reden

kann. Hochzeit, Einschulung, Operation, Krankheit, Familienfeier oder ähnliches, immer könnte man Gefahr laufen, sich zu verraten. Das ist auch der Grund, warum man sich immer wieder outen muss. Ein Schritt, der Heterosexuellen erspart bleibt. Erzählt ein Mann von seiner Frau oder eine Frau von ihrem Mann, ist das normal, es wird nicht hinterfragt. Berichtet jedoch ein Mann von seinem Mann, eine Frau von ihrer Frau, ist es immer wieder ein „großes Thema", das durch alle Flure und Stockwerke gefunkt wird. Bei jeder neuen Anstellung ist es tatsächlich auch jedes Mal ein erneutes Coming-out: bei den neuen Kollegen und Chefs.

Man kann versuchen, sein Leben zu verschweigen, was auch gut gehen kann, solange es keine einschneidenden Ereignisse sind. Der Tod des Lebenspartners oder Ehepartners, der Schwiegereltern, all das müsste man verschweigen. Niemand wüsste, warum es einem nicht gut geht, warum man weint oder auch weniger Leistung erbringt, da man sich nicht erklären kann, gerade weil man sich nie zuvor geoutet hatte. Es ist nicht einmal möglich, ein Bild von seinem Lebenspartner auf dem Schreibtisch zu haben.

Am Arbeitsplatz offen mit seiner sexuellen Orientierung umzugehen ist wichtig und nötig. Es kostet ungemein viel Kraft, seine Maske nach außen hin aufrecht zu erhalten, wirklich jede Aussage vorher genau zu überdenken. Geheimhaltung, Konzentration, Verstecken: sie wirken sich auf die Arbeitsleistung und die Psyche eines Menschen aus. Man leidet unter dem Schweigen.

Hier kann ich voll aus meinem Erfahrungstopf schöpfen. Auch ich sah mich bei meinen Arbeitgebern oft der Frage gegenübergestellt, ob und wenn ja, wie ich mich meinen Kollegen und dem Chef gegenüber outen sollte. Es gab Mitarbeiter aus unterschiedlichsten Ländern, Kulturen und Religionen. Hier ist es schwer, den „vermeintlich richtigen Weg" zu finden. Stoße ich womöglich jemanden vor den Kopf? Würde man es gut aufnehmen?

Ich hatte mein Outing immer von den Kollegen und dem Arbeitgeber abhängig gemacht. Einfach aus dem Grund heraus, von vornherein so wenig Angriffsfläche wie nur eben möglich zu bieten. Zu meinem Glück gab es durchweg positive Rückmeldungen, keine Vorurteile. Das Arbeitsklima war nach meiner „Homo-Beichte" die gleiche, wie sie es zuvor auch gewesen war. Ich war immer noch die gleiche Kollegin. Ehrlich währt am längsten. Ein einziges Mal hörte ich die Aussage, dass man das bei mir nicht erwartet hätte, ich wirke rein gar nicht wie eine Lesbe. Aber das ist ein anderes Thema. Wie sehen Lesben denn aus? Auf die unterschiedlichen „Lesben-Charaktere" werde ich später noch anschaulich eingehen.

Auch bei meiner Frau verhielt es sich ähnlich. Bei allen Arbeitgebern hatte es nie schlechte Erfahrungen gegeben. Nicht bei den Kollegen und auch nicht in der Chefetage. Es muss dazu gesagt werden, dass Sandra von vornherein immer gleich von ihrer Freundin und jetzigen Frau sprach. Hier war also auch von Anfang an immer gleich klar, welche sexuelle Orientierung sie hatte. Zwei positive Beispiele eines Coming-out am Arbeitsplatz. Leider ist das aber nicht der normale Weg eines Coming-out in der Arbeitswelt. Nicht selten hört oder liest man von Benachteiligungen bei Be-

förderungen und Gehaltserhöhungen. Oder aber auch, ob Stellen den gegebenen Einrichtungen im Betrieb angepasst sind. Also: gibt es Frauen- und Männertoiletten? Und welche Toilette darf das dritte Geschlecht benutzen oder wird hier eine Unisex-Toilette bereitgestellt? Oftmals ist auch der Arbeitgeber sehr konservativ eingestellt und möchte keine „bunte Vielfalt" im Betrieb, da er den Absprung von Klientel, Kundschaft oder Mandantschaft befürchtet. Hier muss noch in vielen Bereichen aufgeklärt werden.

Positiv hervorzuheben ist, dass viele Unternehmen mittlerweile Diversity-Maßnahmen etabliert haben. Sie zeigen sich queerfreundlich, intern und nach außen. Sie haben Ansprechpersonen für Diversity, bieten Anlaufstellen für queere Mitarbeiter. Ebenso bieten sie genderneutrale Toiletten oder genderneutrale Sprache. Immer mehr Unternehmen besitzen mittlerweile auch ein Diversity-Siegel oder ein Zertifikat, um die Queerfreundlichkeit zu belegen.

Es gibt kein Richtig oder Falsch. Ich kann hier niemandem anraten, ob er sich am Arbeitsplatz outen soll oder nicht. Ich kann nur ans Herz legen, dass ein Outing ehrlicher ist und auch dabei hilft, gerne arbeiten zu gehen, da man sich nicht verstellen und verstecken muss. Man darf nicht vergessen, dass man die meiste Lebenszeit im Betrieb und mit seinen Kollegen verbringt. Und wenn man sich die ganze Zeit verstellt, könnte man depressiv werden und die eigene Leistung und Arbeitskraft nachlassen oder einbrechen. Das hilft weder dem Beschäftigten noch dem Arbeitgeber. Ein gesundes und freundliches Arbeitsklima ist das A und O, um die Mitarbeiter positiv zu integrieren und sie auch an sich zu binden. Um das zu schaffen, sollten Ausgrenzungen, Diskriminierungen und Vorurteile verschwinden.

zum Erfolg

Akzeptanz

Homosexualität und ihre Geschichte

Schon immer gab es gleichgeschlechtliche Liebe. So war im alten Griechenland beispielsweise die Knabenliebe keine Seltenheit und sogar gesellschaftlich akzeptiert, auch wenn nicht wirklich erwünscht. In vielen alten Werken, Schriften, Urkunden und auch Bildern ist Homosexualität belegt, wobei es mehr Material von männlichen als weiblichen Homosexuellen gibt. Vor allem aus der hellenistischen, altgriechischen und römischen Zeit gibt es zahlreiche Gedichte über die Knabenliebe.

Dies findet man auch in den unzähligen Schriften und Erzählungen griechischer Mythen. So beispielsweise auch unter den griechischen Göttern, wie z.B. Poseidon, Zeus, Hermes, Apollon, Dionysos oder Pan, die viele junge, sterbliche Geliebte hatten. Ob alle Liebschaften der Götter auch wirklich sexueller Natur waren, das kann nicht wirklich geklärt werden. Zumindest waren die Götter Charakterformer und Lehrer, die ihre jungen Schützlinge in vielerlei Hinsicht formten und großzogen. Wirklich sexuelle Verhältnisse unterhielten wohl Herakles und Iolaos sowie Hylas und Herakles. Es gab auch sehr viele Dichter und Lyriker, die viel über Knabenliebe schrieben und Liebesgedichte an Männer verfassten. Hier gibt es einige bekannte Namen wie beispielsweise Alkaios, Theognis, Pindar, Anakreon und Ibykos oder Solon.

Es war nicht unüblich, dass in der oberen Schicht Männer Liebschaften zu jüngeren Männern unterhielten. Den älteren nannte man „erastes", den jüngeren, dessen Alter zwischen 12 und 18 Jahren lag, „eromenos". Diese Beziehungen waren anerkannt und dienten mitunter der Erziehung, soll heißen der Jüngere der beiden eignete sich die Rhetorik und Bildungsaspekte des Älteren an. Das hieß damals „eromenos", also Päderastie, was

eine institutionalisierte Form sexueller Beziehungen erwachsener Männer zu männlichen Kindern und Jugendlichen im antiken Griechenland umschreibt. Diese Beziehungen waren wichtig beim Erwachsenwerden und wurden auch bildlich auf Vasen und in Büchern dargestellt. Gleichgeschlechtliche Beziehungen zwischen älteren Männern hingegen waren nicht gern gesehen, gesellschaftlich verpönt, wurden aber nicht strafrechtlich verfolgt. Der Vorteil für die jüngeren Geliebten bestand darin, dass sie weniger oder gar nicht arbeiten mussten und mit Geschenken überschüttet wurden, die meist sehr kostspielig waren. Demnach war es zu der Zeit sogar ehrenwert, die Knabenliebe auszuüben.

In Athen war Geschlechtsverkehr unter Männern grundsätzlich erlaubt, verpönt war hingegen die Prostitution. Der Freier, also der sexuell aktive und somit auch als Mann angesehene Part, war gesellschaftlich anerkannt. Der passive Part, also der Prostituierte, dagegen nicht. Er war geächtet. So verwundert es nicht, dass diese Rolle den Fremden und Sklaven vorbehalten war, die auch keine Ämter bekleiden oder bei Volksversammlungen sprechen durften. Gerade die weiblichen Rollen wurden oft in Theaterstücken ins Lächerliche gezogen, meist als überzogen weiblicher Kerl.

In Athen gab es um 378 vor Christus eine spezielle Militäreinheit, die „Heilige Schar". Ihr gehörten ausschließlich homosexuelle Soldaten an, was sich heutzutage durch die gesteigerte Kampfbereitschaft erklären lässt, da die Soldaten an der Seite ihrer Liebsten kampfbereiter gewesen sind. Auch damit, dass sie im Todesfall keine trauernden Familienangehörigen hinterließen.

Vor allem seit dem 5. Jahrhundert vor Christus war Makedonien stark homosexuell beeinflusst durch die einsetzenden kulturellen und sprachlichen Einflüsse des antiken Griechenland. Auch hier war die gleichgeschlechtliche Liebe vor allem zwischen Männern verbreitet und gesellschaftlich akzeptiert. Es war egal, welcher Altersgruppe die Männer angehörten, wobei solche Liebschaften eigentlich nur in der oberen Schicht vorkamen. Aber auch hier war die Prostitution ungern gesehen. Hier ist vor allem auch König Philipp II. zu nennen, der neben seinen vielen Ehefrauen auch sexuelle Kontakte zu Männern pflegte.

Dies hielt bis ca. 462 vor Christus an, als nach und nach die Demokratie in Athen Einzug hielt. Die Mittel- und Unterschichten der Bevölkerung sahen in der Knabenliebe und der gleichgeschlechtlichen Liebe eine Verbindung zur bisher regierenden Oberschicht, weshalb sie diese sexuellen Praktiken und Vorlieben ablehnten. Das hieß, dass die Oberschicht diesen nur noch im sehr privaten und diskreten Rahmen nachging. Unter Strafe stand dies jedoch nicht. Nach dem Tod Alexander des Großen erst wurde gleichgeschlechtliche Liebe immer mehr verdrängt, vor allem die unter Männern.

Bei den Römern war gleichgeschlechtliche Liebe unter Männer eher verpönt, das lag aber daran, dass die Römer die Gepflogenheiten und Kulturelemente der griechischen Oberschicht nicht tolerierten und keineswegs wertschätzten. Da Homosexualität bei den Römern ungern gesehen war, bildete sich schon recht früh eine Art Subkultur, also gleichgeschlechtliche Liebe im Geheimen. So ist dokumentiert, dass es um 200 vor Christus eine Straße in Rom gegeben haben soll, die hauptsächlich von männlichen Prostituierten unterhalten

wurde. Andere Subkulturen gab es am Hafen oder in öffentlichen Bädern. 149 vor Christus wurde in Rom der gleichgeschlechtliche sexuelle Verkehr unter Strafe gestellt, der Tatbestand lautete „stuprum cum masculo". In der Armee wurden sexuelle Beziehungen unter Männern mit der Prügelstrafe „supplicium fustuarium" geahndet, die oftmals auch mit dem Tod des Bestraften endete.

Auch im Alten Testament wurden Beziehungen zwischen Männern als gotteslästerlich verschrien und als Verstoß gegen die Natur. „Du sollst nicht bei einem Mann liegen wie bei einer Frau, es ist ein Gräuel" (3. Mose 18:22) steht dort geschrieben. Platonische Beziehungen innerhalb des gleichen Geschlechts waren akzeptiert, so lange sie nicht sexueller Natur waren. Vor allem Männer landeten im Zuge von Sodomie-Prozessen auf dem Scheiterhaufen, wohingegen Frauen nicht ganz so stark verfolgt wurden, da lesbischer Sex nicht ganz so sehr als widerlich empfunden wurde und eher einer Faszination unterlag.

Während die Beziehungen zwischen Männern gut dokumentiert sind, sind weibliche gleichgeschlechtliche Liebschaften weniger bekannt. Zumindest gibt es in den Werken der antiken griechischen Dichterin Sappho (geboren ca. 612 v. Chr., gestorben ca. 570 v. Chr.) von der Insel Lesbos einige Belege lesbischer Liebschaften. Auch gleichgeschlechtliche Liebe unter Frauen war früher normal, wurde erst mit der Zeit negativ angesehen. Lesbische Liebe gab es laut Aussagen damaliger Mediziner ohnehin nur, da die betroffenen Frauen noch nicht den richtigen Mann gefunden hatten oder an sich binden konnten. Und: der Sex unter Frauen wurde oft diskriminiert, jedoch selten unter Strafe gestellt, da Frauen laut Aussagen von Medizinern und Forschern ohne Penis sowieso keine sexuelle Befriedigung erfahren können.

Auch wenn viele Vertreter der Moderne behaupten, dass Homosexualität eine Erfindung aus dem 19., 20. und 21. Jahrhundert ist, gleichgeschlechtliche Liebe war schon immer normal, gesellschaftlich auch akzeptiert. Das änderte sich erst mit der sich immer mehr ausbreitenden Christianisierung im späten 3. Jahrhundert. Die frühkirchliche Sexualethik sorgte dafür, dass gleichgeschlechtliche sexuelle Kontakte generell im Römischen Reich unter Strafe gestellt wurden, wobei hier nicht darauf geachtet wurde, welcher Gesellschaftsschicht die Menschen angehörten. 390 nach Christus folgte das erste Gesetz, das gleichgeschlechtliche Liebe generell verbot und mit dem Tode, nicht selten durch Verbrennung, bestrafte. In dieser Zeit wurden auch hin und wieder lesbische sexuelle Akte dokumentiert, denen man sehr negativ gegenüberstand, was sogar bis hin zur Tötung der Frau durch den Ehemann gehen konnte.

1869 wurde der Begriff Homosexualität erstmals verwendet und löste den seit der Zeit des Mittelalters genutzten und sehr abwertenden Begriff „Sodomit" ab. Der ungarische Schriftsteller Karl Maria Kertbeny hatte in einem Brief an das preußische Justizministerium die Abschaffung der Strafbarkeit von „widernatürlichen Handlungen", hier explizit den Geschlechtsverkehr zwischen Männern, gefordert. In eben diesem Schreiben nutzte Kertbeny erstmals den Begriff Homosexuell.

Doch trotz einigen Befürwortern wurden im 19. und 20. Jahrhundert viele homosexuelle Männer ins Gefängnis gesperrt, da das Reichsstrafgesetzbuch vom 01.01.1872 den sexuellen Akt unter Männern als „widernatürliche Unzucht" definierte. Die Verfolgung Homosexueller und Andersliebender war dank der Ausbreitung von Christentum ohnehin schon weit verbreitet. Aber die Verfol-

gung und Bestrafung Homosexueller gipfelte in einen enormen und sehr negativen Höhepunkt, als der Nationalsozialismus an die Macht kam.

Bereits 1897, in der Zeit der Weimarer Republik, verlangte der Arzt und Sexualforscher Magnus Hirschfeld öffentlich ebenfalls die Streichung des § 175, da er ihn als ungerecht ansah. Er hatte jahrelang die Homosexualität erforscht und herausgefunden, dass gleichgeschlechtliche Liebe keine Krankheit war, sondern eine angeborene Neigung. Eben mit dieser Begründung wollte er die Straffreiheit für Homosexuelle erreichen, in erster Linie die Straffreiheit für Schwule. Deshalb gilt Hirschfeld auch als Mitbegründer der Homosexuellenbewegung in Deutschland. Am 15.05.1897 gründete er das „Wissenschaftlich-humanitäre Komitee".

1929 wurde der Paragraf 175 abgeschafft, doch 1933 wurde er durch die Nationalsozialisten wieder in Kraft gesetzt. Auch Hirschfelds Bewegung fand zu dieser Zeit ein abruptes Ende. Der Homosexuellen-Paragraf 175 des Strafgesetzbuches wurde verschärft, indem der Zusatz „widernatürlich" bei der Unzucht unter Männern gestrichen wurde. Dies ließ also einen weiten Spielraum an Interpretation zu. Die kleinsten Anzeichen von Homosexualität konnten schon geahndet werden, wobei die Höchststrafe auf fünf Jahre heraufgesetzt wurde. Homosexualität entsprach einfach nicht der nationalsozialistischen Ideologie und konnte zur Fortpflanzung der deutschen Herrenrasse nicht beitragen. Heinrich Himmler, damaliger Leiter der Schutzstaffel (SS) ordnete 1940 sogar die Verschleppung aller verurteilten Homosexuellen in Konzentrationslager (KZ) an, wo ab 1942 eine Zwangskastration erfolgte. Zu erkennen waren die Homosexuellen im Konzentrationslager an dem Rosa Winkel, der auf der Anstaltskleidung aufgenäht war. Tausende Homosexuelle, wobei Schwule hier den größten Teil ausmachten, wurden in der Nazi-Zeit verschleppt und inhaftiert, viele von ihnen verstarben dort.

Auch Frauen waren dieser Verfolgung ausgesetzt, sobald sie nicht dem Idealbild einer Ehefrau und Mutter entsprachen. Betroffene verloren sogar normale bürgerliche Ehrenrechte, wie beispielsweise das Wahlrecht. Selbst das Ende des Nationalsozialismus läutete keine Besserung für Homosexuelle ein, da die Gesellschaft wieder christlicher werden wollte. Erst 1994 (nach mehr als 120 Jahren) wurde der § 175 vom Deutschen Bundestag aus dem Strafgesetzbuch gestrichen.

In den Nachkriegsjahren besserte sich die Situation von Homosexuellen leider nicht. Sie wurden nach wie vor von der Gesellschaft ausgeschlossen und geächtet und mussten für ihre sexuelle Orientierung und deren Ausleben auch mit Freiheitsstrafen rechnen.

Das sollte sich erst ab dem Jahr 1969 langsam ändern. Mit dem Stonewall-Aufstand in New York, auf den ich in einem separaten Kapitel noch genauer eingehen werde, da er sehr umfangreich ist und mit vielen Informationen aufwartet. Der Stonewall-Aufstand bildet den Anfang für die jährlich weltweit stattfindenden CSD-Paraden, bei denen auch heute noch für die Rechte von Homosexuellen gekämpft wird. Der CSD wird als neue Schwulen- und Lesbenbewegung gefeiert. Es begann mit einem Widerstand in der Schwulenbar „Stonewall Inn", als sich die Gäste gegen die dort eingedrungene Polizei, deren Diskriminierungen und den Festnahmen zur Wehr setzte. Die Folge dieser Aufstände war, dass gleichgeschlechtlicher

Sex nicht mehr unter Strafe stand. Die gesellschaftliche Ächtung war trotzdem weiterhin vorhanden. Ab 1970 bildeten sich viele Schwulengruppen, die sich für die Interessen von Schwulen einsetzten. Da die Lesben sich in diesen Gruppen ein wenig ausgeklammert fühlten und zu kurz kamen, bildeten sich immer mehr eigenständige Lesbengruppen. Beide Randgruppen näherten sich erst mit der Zeit an und kämpften von da an, ungefähr 10 Jahre später, gemeinschaftlich für die Rechte von Lesben und Schwulen.

Wie äußern sich die bisherigen Errungenschaften von Homosexuellen? Seit 2001 können schwule und lesbische Paare in Deutschland eine eingetragene Lebenspartnerschaft eingehen, was aber keiner heterosexuellen Ehe gleichgestellt ist. Erst im Juni 2013 hatte das Bundesverfassungsgericht die Ungleichheit von heterosexuellen und homosexuellen Ehepaaren als verfassungswidrig erklärt, weshalb die Homo-Ehe mit der klassischen Ehe gleichgestellt wurde. Hier war das sogenannte Ehegattensplitting nun auch für Schwule und Lesben wirksam und kann rückwirkend bis zum Jahr 2001 in Anspruch genommen werden. Auch was das Adoptionsrecht anbelangt gab es eine Neuerung: Seit 2005 konnten bei einer eingetragenen Lebenspartnerschaft die Kinder des Partners als Stiefkind angenommen werden. Seit Anfang 2013 konnte der Partner in einer gleichgeschlechtlichen Beziehung auch bereits vom Partner adoptierte Kinder selbst adoptieren, das ist die sogenannte Sukzessivadoption.

Der Geschichte zur Homo-Ehe, den neu gewonnenen Rechten, die mit dieser einhergehen sowie meinen Erfahrungen in Bezug auf die Homo-Ehe, aber auch dem Adoptionsrecht räume ich im Buch jeweils ein separates Kapitel ein.

Verfolgung

Homosexualität und Religion

Christentum

Von der Geschichte der Homosexualität ist es kein weiter Sprung zum Thema Religion und Homosexualität. Im Kapitel Geschichte wurde schon ein wenig die Intoleranz gegenüber gleichgeschlechtlicher Liebe dargestellt, die auch aufgezeigt hat, dass durch die Ausbreitung des Christentums immer auch eine gesteigerte Abneigung zur Homosexualität gegeben war. Doch warum ist das so? Steht in der Bibel nicht geschrieben, dass wir Menschen Gottes Werk sind? Und warum sollten sich Menschen anmaßen, das Werk Gottes in Zweifel zu ziehen oder anzuprangern? Als „nicht von Gott gewollt" bis hin zu „Satans Werk" müssen sich Homosexuelle beleidigen lassen. Dabei spricht doch der Glaube, das Alte sowie das Neue Testament und die dominierenden kirchlichen Institutionen, immer wieder von Nächstenliebe und Fremdenliebe. Wer die Bibel also befolgt und sie für sich anwendet, darf dementsprechend seine Mitmenschen und deren Lebensweisen nicht diskriminieren.

Dass vor allem muslimische Länder ein gewaltiges Problem mit Homosexualität haben, ist bekannt. Aber auch in der hochgelobten modernen Europäischen Union (EU) gibt es Länder, die offen und diskriminierend Vorurteile gegen Homosexuelle haben. Zum großen Teil ist das dem Glauben zuzusprechen, den Religionen, wobei Protestanten dem Thema Homosexualität weniger ablehnend gegenüberstehen als orthodoxe Christen, Katholiken und Muslime. Nicht von der Hand zu weisen ist, dass Menschen, die ihrer Religion und den religiösen Institutionen sehr nahe stehen, entschiedener gegen die Homosexualität sind, da sie stark an der Bibel und den dort stehenden Schriften festhalten. Sie begründen ihre negative Haltung gegenüber Homosexualität auch immer mit „es steht so in der Bibel".

Mit den abrahamitischen Religionen Judentum, Christentum und Islam hat sich im Verlauf der Zeit ein Ideal durchgesetzt, in dem Sex ausschließlich der Fortpflanzung dient. Sex, der dem Vergnügen dient, war und ist verpönt, wobei hier auch immer die Sprache ist von Schuld und Sünde. Somit hat der gleichgeschlechtliche Liebesakt keine Daseinsberechtigung. Vor allem der schwule Sex wurde als alttestamentliche Sünde von Sodom (vgl. Gen 19) bezeichnet, daher auch der Ausdruck Sodomie. Umstritten ist dieser Bibeltext aber auch heute noch, da hier eine Vergewaltigung von Männern beschrieben wird. Hier wird die Vergewaltigung angeprangert und nicht die schwule Orientierung. Man kann gleichgeschlechtliche Liebe keineswegs auf die gleiche Ebene oder Stufe wie eine Vergewaltigung stellen.

Umstritten ist auch das Verbot in Levitikus 18:22, in dem man lesen kann: „Du sollst nicht bei einem Mann liegen wie bei einer Frau, es ist ein Gräuel". Sind solche Bibeltexte wirklich noch up to date und auf die modernen Beziehungen unserer heutigen Zeit noch anwendbar? In der Bibel finden sich immer wieder Texte, denen an anderer Stelle in der Bibel gleichwohl widersprochen wird. Man sollte sie allesamt genau lesen und versuchen, sie richtig zu deuten. Eigentlich ist dieser Satz nicht wirklich für eine länger angelegte Beziehung zwischen gleichgeschlechtlichen Partnern anwendbar. Hier wird eigentlich nur von einem einzigen sexuellen Akt gesprochen, der auch nur auf den sexuell inaktiven schwulen Part abzielt, da dieser als der „erniedrigte" Teil angesehen wird. Weibliche gleichgeschlechtliche Sexualität ist auch in der Bibel weniger in den Fokus gerückt, da man zumeist den Männern eine aktive Sexualität zuspricht.

Generell werden Bibeltexte als Überlieferungen
und Zeugnisse der vergangenen Zeiten angesehen. Menschen lesen sie nur aufmerksamer oder
versuchen etwas in den Texten zu erkennen,
wenn sie vermeintlich die eigene Meinung grob
oder vollends wiederspiegeln. So werden sie von
bestimmten Personen so ausgelegt, dass sie auf
die eigene Meinung gemünzt und somit auch
außerhalb vertretbar sind. Weltweit gab und
gibt es jedoch Religionen, die die Homosexualität nicht immer verurteilt haben, ihr sogar positiv
gegenübertraten. Es gibt Religionen, deren Götter
homosexuelles Verhalten an den Tag legen oder
gar ihr Geschlecht ändern, was man besonders
im hinduistischen Glauben beobachten kann.

Verurteilen und anprangern ist mit Sicherheit nicht
Gottes Wille. Wen man liebt, das ist angeboren.
Die betroffenen Homosexuellen suchen sich
das nicht aus, sie haben keine Wahl, welches
Geschlecht sie anziehend finden. Es sollte normal
sein, auch anders zu lieben.

Nachfolgend findet Ihr eine kleine Auflistung einiger Kirchen beziehungsweise Glaubensrichtungen
und ihrer Grundhaltung zur Homosexualität.

Römisch-katholische Kirche

Auch wenn es einige Christen gibt, die fest daran
glauben, dass die sexuelle Orientierung, also ob
homo- oder heterosexuell, angeboren ist, stehen
sie der Thematik nicht wirklich offen gegenüber.
Die meisten denken auch, dass Homosexuelle
nicht ausgegrenzt werden sollen, geschuldet der
Nächstenliebe im Alten und Neuen Testament.

Die in ihrem Glauben recht konservativ behaftete
römisch-katholische Kirche vertritt die Meinung,
dass alle Menschen ein Geschöpf und ein Kind
Gottes sind. Sie unterscheidet zwischen homosexuellen Neigungen und homosexuellem Handeln
und sieht in der gleichgeschlechtlichen Liebe eine
Sünde, da Sex ausschließlich der Fortpflanzung
dient und erwartet von Homosexuellen eine
totale Enthaltsamkeit. Auch die Homo-Ehe wird
von ihr kategorisch abgelehnt. Nicht alle, aber
viele katholische Gläubige, finden die Tatsache
gut, dass Schwule keine Ämter in der katholischen
Kirche bekleiden dürfen, so beispielsweise Priester,
Bischof oder Papst.

Die Anerkennung der Homo-Ehe hat in vielen
westlichen Ländern, vor allem bei protestantischen
Kirchen, immer mehr Akzeptanz erhalten und wird
dort auch nicht mehr als Sünde angesehen. Sie
sind den heterosexuellen Ehen gleichgestellt und
Segnungsfeiern alltäglich.

Altkatholische Kirche

Seit den 1990er Jahren ist die Haltung der west-
europäischen altkatholischen Kirchen gegenüber
Homosexuellen toleranter, was sich auch in der
53. Ordentlichen Bistumssynode der Alt-Katholi-
schen Kirche in Deutschland 1997 deutlich zeigte,
als man dort um ein Klima der Akzeptanz, Offenheit und Toleranz gegenüber homosexuell liebenden und lebenden Menschen bat, wobei eine
generelle Gleichstellung der Homo-Ehe mit der
Ehe abgelehnt wird. Gleichgeschlechtliche Paare
sollen nicht getraut werden können, hier ist „nur"
eine Segnung möglich, wobei es dem zuständigen
Pfarrer freigestellt ist, ob er diese Segnung durchführen möchte oder sie ablehnt.

Evangelische Kirche

Hierunter findet man unterschiedliche Meinungen
zur Homosexualität. Viele der Freikirchen tolerieren Schwule und Lesben als Menschen, so lange

sie abstinent leben, verurteilen deren sexuelle Handlungen jedoch als Sünde. Die evangelischen Hauptkirchen sind hier viel offener als beispielsweise die Southern Baptist Convention in den Vereinigten Staaten, die teilweise eine viel schlimmere Haltung Homosexuellen gegenüber haben als die römisch-katholischen Kirchen. Sie finden, dass homosexuelle Menschen heterosexuell heiraten sollten, da dies auch zugleich als Heilung von Homosexualität angesehen wird.

Auch die evangelisch-methodistischen Kirchen nehmen Homosexuelle in die Glaubensgemeinschaft mit auf, die aber ihre Andersartigkeit nicht ausleben dürfen, da dies im Widerspruch zur christlichen Lehre steht. Homosexuelle dürfen keine Geistliche werden. Und auch die Segnung gleichgeschlechtlicher Paare stellt in der evangelisch-methodistischen Kirche ein totales No Go dar. Gelockert wurde diese Ansicht erst 2016, als in den Vereinigten Staaten Karen Oliveto, die erste methodistische Bischöfin, gewählt wurde, die offen lesbisch und in einer gleichgeschlechtlichen Ehe lebte. 2009 wurde Eva Brunne, ebenfalls eine lesbische Frau, zur Bischöfin in Stockholm gewählt, 2015 folgte ein Schwuler als Bischof, Mikael Mogren, beide gehören der Schwedischen Kirche an. Seither wird in der evangelisch-methodistischen Kirche die Lockerung bezüglich der Anerkennung homosexueller Paare heiß diskutiert.

Mittlerweile führen einige evangelische Kirchen sogar die Trauung von gleichgeschlechtlichen Paaren durch, wobei hier auch homosexuelle Geistliche in einer Beziehung die gleiche Besoldung erhalten wie ihre heterosexuellen Kollegen und sogar mit ihren Partnern in den Pfarrhäusern zusammenleben dürfen. Zu diesen positiv eingestellten Kirchen zählen unter anderem die United Church of Christ, die United Church of Canada, die protestantische Kirche in den Niederlanden, der Schweizerische Evangelische Kirchenbund, die Dänische Volkskirche, die Schwedische Kirche, die Norwegische Kirche, die Isländische Staatskirche, die Vereinigte Protestantische Kirche Frankreichs und Belgiens sowie die Evangelisch-Lutherische Kirche in Amerika und Kanada.

Die Evangelische Kirche in Deutschland (EKD) hat 2013 homosexuelle und heterosexuelle Beziehungen gleichgestellt. Ein homosexueller Pastor darf mit seinem standesamtlich angetrauten Partner im Pfarrhaus wohnen, bei der Besoldung werden keine Unterschiede zu einem heterosexuellen Pastor gezogen (Ausnahme: Württemberg).

In einigen Landeskirchen der EKD werden öffentliche Segnungen von gleichgeschlechtlichen Ehen durchgeführt, soweit der zuständige Pastor einverstanden ist. Hierzu zählen unter anderem Rheinland, Braunschweig, Pfalz, Hessen-Nassau, Oldenburg, Bremen, Westfalen, Mitteldeutschland, Evangelisch-Lutherische Landeskirche Hannover, Evangelisch-reformierte Kirche, Evangelische Landeskirche in Baden, Evangelisch-Lutherische Kirche in Bayern.

Seit der Gleichstellung homosexueller Paare zu heterosexuellen Paaren im Jahr 2016 finden in folgenden Landeskirchen Trauungen für gleichgeschlechtliche Paare statt: Rheinland, Hessen-Nassau, Hessen-Waldeck, Baden, Oldenburg, Pfalz, Berlin-Brandenburg-schlesische Oberlausitz, Hannover, Norddeutschland, Westfalen.

Anglikanische Kirchengemeinschaft

Die Meinungen zur Homosexualität gehen in der Anglikanischen Kirchengemeinschaft sehr aus-

einander. Akzeptanz findet man in der Episkopalkirche der Vereinigten Staaten von Amerika,
Episcopal Church of Scotland, Anglican Church
of Southern Africa sowie Anglikanische Kirche von
Kanada. Hier ist auch die Segnung von gleichgeschlechtlichen Paaren erlaubt und in den Kirchen
sind homosexuelle Geistliche keine Seltenheit. In
den Gegenden der Dritten Welt jedoch stehen
die meisten Menschen Homosexualität ablehnend
gegenüber.

Church of England

Im Vereinigten Königreich trat 2005 das Civil Partnership Gesetz in Kraft, wodurch gleichgeschlechtliche Partnerschaften nicht länger angeprangert
und Homosexuelle als Teil der Gemeinschaft
integriert werden sollen. An der traditionellen
Ehe zwischen Mann und Frau jedoch hielten die
Bischöfe fest, auch eine Segnung gleichgeschlechtlicher Paare sollte nicht durchgeführt werden. Die
Church of England befürwortete erst im November 2013 die Segnung gleichgeschlechtlicher
Paare in einem Gottesdienst.

Anglikanische Kirche von Kanada

Nach anfänglicher Ablehnung befürwortet die
Synode der Anglican Church of Canada seit Juli
2016 die kirchliche Trauung gleichgeschlechtlicher
Paare.

Episkopalkirche der Vereinigten Staaten von Amerika

Im Juli 2019 setzte sich die General Convention
(allgemeine Konvention, das oberste Gremium)
dafür ein, dass die Segnung gleichgeschlechtlicher
Paare vorgenommen werden dürfe, vor allem
auch in den Bundesstaaten, in denen die gleichgeschlechtliche Ehe und eingetragene Partnerschaft
legalisiert waren. Die kirchliche Trauung gleichgeschlechtlicher Paare wurde ab dem 01.07.2015
von der Episkopalkirche der Vereinigten Staaten
von Amerika eingeführt.

Scottish Episcopal Church

Am 08.08.2015 fand die erste Segnung eines
gleichgeschlechtlichen Paares statt. Ab Juni 2017
konnten gleichgeschlechtliche Paare nun auch
kirchlich heiraten.

Anglikanische Kirche in Aotearoa, Neuseeland und Polynesien

Seit 2018 gibt es öffentliche Segnungsgottesdienste für verheiratete homosexuelle Paare.

Anglikanische Kirche in Australien

In einigen Bistümern sind seit 2019 Segnungsgottesdienste für gleichgeschlechtliche Ehepaare
möglich.

Orthodoxe Kirche

Die Lehre der orthodoxen Kirche besagt, dass
jeder Mensch böse Neigungen hat, deren Ausleben als Sünde angesehen wird. Deshalb sind
alle orthodox Gläubigen dazu aufgefordert, ihren
bösen Neigungen nicht nachzugeben, sondern
ein Leben lang gegen sie zu kämpfen und ihnen
zu widerstehen. Unterstützt werden sie bei ihrem
Widerstand von Priestern und Ältesten. Wer
diese Lehren nicht akzeptiert und Homosexualität
befürwortet, ist von der sakramentalen Gemeinschaft, der Priesterweihe und der Kommunion ausgeschlossen, das gilt auch für leitende Funktionen
in Militär oder im Bereich Bildung und Erziehung.
Hier wird jedoch sehr auf bürgerliche Gleichberechtigung geachtet. Gelegentlich werden
homosexuelle Partnerschaften befürwortet, wobei
sie niemals mit einer heterosexuellen Ehe gleichgestellt sein werden.

Transsexuelle müssen sich den Vorwurf gefallen lassen, sich gegen Gott aufzulehnen, da sie seine Schöpfung mit Hormontherapien oder einer operativen Geschlechtskorrektur in Frage stellen. Es ist eine Sünde, die nur bei Reue, gefolgt von einer Taufe, eventuell vergeben werden kann. Der Haken hier ist jedoch, dass eine Taufe nur mit einem Taufnamen erfolgt, der dem Geschlecht des Menschen bei seiner Geburt entspricht. Priesterweihe und kirchliche Trauung ist für Transsexuelle ein Tabu in der orthodoxen Kirche.

Zeugen Jehovas

Da laut Bibel die Sexualität nur für die Ehe zwischen Mann und Frau besteht, wird Homosexualität von den Zeugen Jehovas abgelehnt, nur abstinente Homosexuelle dürfen Gemeindemitglieder sein. Die Zeugen Jehovas glauben, dass Homosexuelle in einer heterosexuellen Ehe geheilt werden können.

Judentum

Nichtorthodoxe Juden sind, auch wenn bei ihnen früher die Sodomie-Gesetze galten, der Homosexualität zum größten Teil sehr aufgeschlossen und haben die jüdischen Schriften im Laufe der Zeit immer wieder angepasst. Für sie ist es unerheblich, ob ein Paar aus Mann und Frau, Mann und Mann oder Frau und Frau besteht. Auch in öffentlichen Ämtern, sogar als Rabbiner(innen) sind Homosexuelle tätig. In Israel wurden 1980 die Sodomie-Gesetze abgeschafft, wodurch Homosexualität nicht mehr unter Strafe stand. Seither erkämpfte sich die LGBTQ*-Community in Israel immer mehr Rechte, errang sogar Gleichstellungen. Seit 1990 werden Schwule, seit 2001 Lesben zur Rabbinerausbildung zugelassen. Seit 2000 dürfen Rabbiner auch gleichgeschlechtliche Paare trauen.

Seit 2001 sind Homosexuelle in Israel geschützt durch das Antidiskriminierungsgesetz, haben dieselben Steuervergünstigungen wie heterosexuelle Paare auch, gleichgeschlechtliche Paare dürfen mittlerweile Kinder adoptieren und eine eingetragene Partnerschaft eingehen, wobei eine Gleichstellung zur Homo-Ehe noch nicht vorgesehen ist. Im Ausland geschlossene Homo-Ehen sind jedoch seit November 2006 rechtsgültig. Nicht nur Israel ist Homosexuellen gegenüber aufgeschlossen, Tel Aviv beispielsweise gilt als Schwulenhauptstadt des Mittleren Ostens.

Eine Ausnahme bilden orthodoxe Juden, die an den alten Schriften festhalten und gleichgeschlechtliche sexuelle Handlungen komplett als Sünde verurteilen. In diesen Gemeinden und anderen Ländern des Nahen Ostens kommt es auch heute noch immer wieder zu Auseinandersetzungen und Verfolgungen. Homosexuelle Aktivitäten verstoßen zudem gegen das Gebot der Fruchtbarkeit, da Sex aus ihrer Sicht und in Anlehnung an ihren Glauben nur zur Fortpflanzung dient. Hinzu kommt, dass im orthodoxen Judentum für alle Menschen eine Heiratspflicht besteht, weshalb sie von allen Menschen auch eine heterosexuelle Lebensweise erwarten.

Buddhismus

Im Buddhismus begegnet man Homosexuellen zumeist aufgeschlossen. Die meisten Buddhisten glauben, dass sich die Seelen der Partner immer wieder neu verbinden, auch im nächsten Leben, wo man nicht vorhersehen kann, ob die Seele als Mann oder Frau auf die Welt kommt. Die Seelen verlieben sich, auch wenn es zu einer gleichgeschlechtlichen Partnerschaft kommt. Sie legen Wert auf die Form der Beziehungen und nicht die Form der Körper. Der nicht aufgeschlossene

Teil jedoch lehnt Homosexualität ab. Grundsätzlich aber gibt es für Buddhisten kein Richtig oder Falsch, kein Gut oder Böse. Buddha hat gelehrt, dass der Mensch in sein Inneres sehen soll, um seine Wahrheit zu finden, dass man für jedes Wesen und jeden Menschen Mitgefühl haben soll. Segnungen gleichgeschlechtlicher Paare sind im Buddhismus möglich.

Islam

Auch wenn nirgends im Koran eine derartige Stelle zu finden ist, verurteilen Muslime homosexuelle Beziehungen als Sünde. Im muslimischen Glauben ist Sex nur zwischen Mann und Frau erlaubt, wobei diese verheiratet sein müssen. Ausgrenzung soll es keine geben, Homosexuelle sollen in die muslimische Gemeinschaft aufgenommen werden, mit Würde, Respekt und ohne Vorurteile. Das klingt sehr schön, ist aber seltener der Fall. Gesetzlich gilt gleichgeschlechtlicher Geschlechtsverkehr als illegitim, als Unzucht (Zina).

Früher waren Homosexuelle im Islam toleriert, bis im 19. Jahrhundert die Franzosen mit der Kolonialisierung begannen und gleichgeschlechtlicher Sex 1913 unter Strafe gestellt wurde, der Startpunkt der Homophobie, die in großen Teilen des Nahen Ostens noch heute stark vorherrscht. Es gibt unterschiedliche Organisationen, die immer wieder für die Rechte von Homosexuellen kämpfen, wobei auch immer wieder zu vernehmen ist, dass Homosexualität und Religion keinen Gegensatz darstellen müssen. Im Jahr 2012 konnte so in Paris eine LGBTQ*-freundliche Moschee eröffnet werden, in der auch schon eine schwule Hochzeit gefeiert wurde. Seit Ende 2018 ist in Berlin der erste offen homosexuell lebende Imam tätig.

Eine staatliche Anerkennung von homosexuellen Paaren gibt es bis heute in keinem islamisch geprägten Staat. Und vielerorts werden homosexuelle Handlungen mit teilweise hohen Haftstrafen verfolgt, wie beispielsweise (alphabetisch aufgeführt) in Afghanistan, Algerien, Ägypten, Bangladesch, Gambia, Guinea, Komoren, Katar, Libyen, Malaysia, Malediven, Marokko, Oman, Pakistan, Senegal, Somalia, Syrien, Tschad, Tunesien, Turkmenistan und Usbekistan. In diesen acht islamischen Ländern muss man sogar mit der Todesstrafe rechnen: Brunei, Iran, Jemen, Mauretanien, Nigeria, Saudi-Arabien, Sudan und Vereinigte Arabische Emirate.

Nicht bestraft wird gleichgeschlechtlicher Sex zum Beispiel in (ebenfalls alphabetisch gelistet) Albanien, Aserbaidschan, Bosnien und Herzegowina, Burkina Faso, Dschibuti, Guinea-Bissau, Jordanien, Kasachstan, Kirgisistan, Kosovo, Libanon, Mali, Niger, Nordzypern, Palästina, Tadschikistan und Türkei.

Das gleiche Bild spiegelt sich auch wieder in der Einstellung und Meinung bei in Europa lebenden Muslimen. Die eine Hälfte verurteilt Homosexualität als Krankheit, die andere Hälfte toleriert gleichgeschlechtliche Liebe. Es ist sehr schön zu sehen, dass es weltweit einige muslimische Verbände gibt, die sich für die Rechte und auch für den Schutz Homosexueller vor Diskriminierung einsetzen. Hier den weiteren Verlauf in den nächsten Jahren zu beobachten, ist mit Sicherheit interessant.

Hinduismus

In früheren Zeiten war Homosexualität in Indien nicht verpönt. In den heiligen Schriften der Hindus, den Veden oder vedischen Sanskrit-Schriften, gibt es keine Verurteilung gleichgeschlechtlicher Liebe. Geändert hatte sich diese Einstellung erst, als andere Kulturen begannen, sich in Indien auszubreiten. Es folgte ein gesetzliches Verbot mit hohen Strafen, das 2009 zwar aufgehoben wurde, seither aber großes Streit- und Diskussionspotenzial bietet: einige Inder wollen wieder die Einführung des Verbotes, andere sind gleichgeschlechtlicher Liebe aufgeschlossen. Es dürfte überraschen, dass die Manu-Samhita, das vorherrschende Recht in Indien, Ehebruch bei heterosexuellen Paaren strenger abstraft als homosexuelle Handlungen.

Schon immer gab es in der indischen Gesellschaft angesehene Hiiras, gemeint sind damit Männer, die in Frauenkleidern gekleidet auf Hochzeiten oder bei Geburten Segnungen gegen Spenden vornehmen. Sie werden auch als Tritiya-Prakriti bezeichnet, das dritte Geschlecht. Dieser Begriff umfasst Bisexuelle, Homosexuelle, Transsexuelle, Intersexuelle und Asexuelle. Das dritte Geschlecht war in Indien nichts Negatives. Schon im Kindesalter wurde bei Kindern durch Gurus festgestellt, ob sie das dritte Geschlecht besitzen oder nicht und dementsprechend eine Ausbildung eingeleitet, nicht selten auch als Priester, sofern der Schüler ein Leben in Zölibat befürwortete. Positiv ist zumindest, dass Segnungen gleichgeschlechtlicher Paare hier möglich sind.

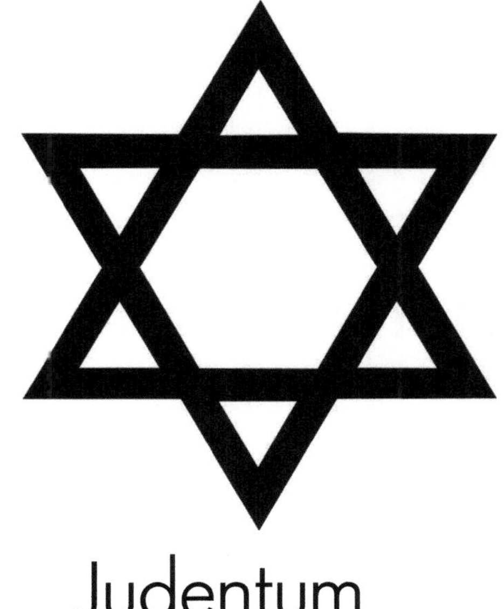

Judentum

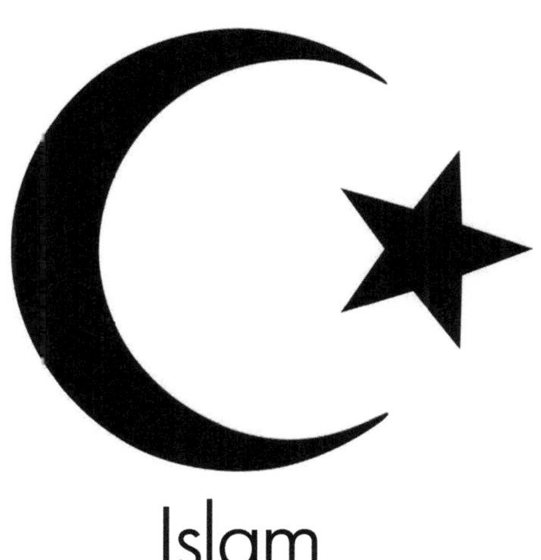

Islam

Homophobie

Obwohl sich die Zeiten ändern, Denkweisen moderner werden, Andersliebende nicht mehr komplett aus der Gesellschaft ausgeschlossen werden und seit einigen Jahren auch die Homo-Ehe endlich Einzug in die deutsche Gesetzgebung gefunden hat, gibt es immer noch Homophobie, auch wenn sie nicht mehr ganz so ausgeprägt ist wie noch vor einigen Jahrzehnten. Will man auf das Thema Homophobie eingehen, sollte man doch im Vorfeld auch positive Ereignisse und Neuerungen aufzeigen. Seit 1990 steht Homosexualität nicht mehr im psychologischen und psychiatrischen Diagnosekatalog und 1994 wurde der § 175 abgeschafft, der männliche Homosexualität in der Bundesrepublik Deutschland unter Strafe stellte. Natürlich nicht zu vergessen: der jährlich weltweit gefeierte Christopher Street Day (CSD), auf den ich in einem separaten Kapitel noch näher eingehen werde. In den westlichen Industrieländern jedenfalls dürfen Homosexuelle mittlerweile politische Ämter bekleiden, sitzen auch in der Führungsetage von Firmen und sind gefeierte Stars, Prominente und Schauspieler. Das ist auch ein positiver Effekt unserer neuen Kommunikationsmittel, die aufzeigen, wie Homosexuelle leben, wodurch Vorurteile gemindert werden.

Homophobie ist ein zusammengesetzter Begriff aus Homosexualität und Phobie, also Angst, wobei hier nicht nur Ängste, sondern auch Hass und Feindseligkeit auftreten. Homophobe Menschen begegnen Homosexuellen mit einer Ablehnung gleicher Rechte, unguten Gefühlen bei Beobachtungen gleichgeschlechtlicher Zärtlichkeiten und einer Distanz sowie Kontaktvermeidung zu Homosexuellen. Eigentlich ist der Begriff Phobie hier unpassend, weil die Phobie eine Angst vor etwas Bestimmtem ist, beispielsweise Spinnenphobie, also eine wirkliche Angst. Bei der Homophobie ist es aber die Anfeindung und Ablehnung zu etwas, das nicht der Norm entspricht, einer anerzogenen und überlieferten Norm.

Um den Begriff Homophobie selbst gibt es einige Ungereimtheiten. Phobie ist Angst, Homophobie jedoch Hass und Ekel. Menschen, die unter Phobien leiden, wissen um ihre übertriebene und im Leben einschränkende Angst. Homophobe jedoch sind der Meinung, dass ihr Hass und ihre Wut gerechtfertigt sind. Menschen mit einer Phobie versuchen bestimmten Situationen aus dem Weg zu gehen, homophobe Personen jedoch stehen zu ihren Aggressionen. Menschen mit einer Phobie wollen aus ihrer Angstsituation ausbrechen, ihren Leidensdruck unterbinden und ihr entkommen. Homophobe Menschen jedoch sind der Grund für Leidensdruck. Man sieht, über die Nutzung des Begriffs Homophobie an und für sich kann schon debattiert werden. Ich selbst nutze den Begriff zwar auch, das ist aber eher dem Umstand geschuldet, dass es keinen besseren Begriff gibt, der die Ablehnung und den Hass zu Homosexuellen besser zum Ausdruck bringt. Zumindest momentan nicht.

Der Vollständigkeit halber findet Ihr nachfolgend eine Auflistung weiterer Synonyme für die Ablehnung und Diskriminierung von Homosexualität, damit Ihr vielleicht nachvollziehen könnt, warum ich den Begriff Homophobie letztlich doch bevorzuge: Homoerotophobie (griech. homos für gleich, eros für Liebe und phobos für Angst), dread of homosexuality (Furcht vor Homosexualität), anti-homosexualism (Anti-Homosexualismus), homosexphobia (Homosexphobie), homonegativism (Homonegativismus), homosexism (Homosexismus) oder Heterosexismus beispielsweise.

Homo

Wenn man sich die Meinung der in Deutschland lebenden Menschen bezüglich Homosexualität genauer ansieht, wird man schnell feststellen, dass die Ablehnung durch die Zuwanderung von Muslimen und Flüchtlingen leider gestiegen ist. Oft wird Homosexualität nur als Krankheit wahrgenommen und nicht als angeboren. Es wird unterstellt, dass Homosexuelle nur noch nicht den oder die Richtige(n) gefunden haben oder sie schlechte Erfahrungen mit dem anderen Geschlecht gemacht haben, weswegen sie nun unter „ihresgleichen" suchen. Homophobie macht aber auch vor Politik in Deutschland nicht Halt, so findet man leider auch aufstrebende kleinere Parteien, die damit für sich werben, dass Homosexuelle nicht mit heterosexuellen Menschen gleichgestellt werden sollen.

Homophobie äußert sich auf verschiedene Weisen. Von Mobbing, kleineren Sticheleien, Benachteiligung bis hin zu körperlichen Übergriffen. Homophobie beginnt schon bei Witzen oder abfälligen Bemerkungen, keiner Einladung zu Feiern in der Familie, im Freundeskreis oder bei Arbeitskollegen, also Vermeidung von Kontakt oder bei Benachteiligung bei der Arbeits- oder Wohnungssuche, der Ausblendung von gleichgeschlechtlichen Beziehungen. Der „normale" Gedanke ist, dass ein Mann eine Frau hat oder eine Frau mit einem Mann zusammen ist. Solche Aussagen versucht der Betroffene meist zu überspielen. Hauptsache nicht zeigen, dass es wehgetan hat, dem Gegenüber den Eindruck vermitteln, dass man die Diskriminierung, also die Homophobie nicht wahrgenommen hat.

Immer öfter hört und liest man von Übergriffen auf gleichgeschlechtliche Paare, wie unlängst ein lesbisches Paar im Bus in London geschlagen wurde, oder in Berlin, als es in einer U-Bahn zu gewalttätigen Übergriffen auf ein lesbisches Paar kam. Das mag vielleicht daran liegen, dass Frauen hier wohl weniger befangen nach außen treten, da sie vermeintlich weniger auffallen: auch beste Freundinnen laufen händchenhaltend, geben sich hin und wieder einen Kuss. Aber zugegeben, durch die immer gewaltbereiteren Mitmenschen versuchen Homosexuelle, wobei ich mich und meine Frau hier nicht ausschließe, so wenig Angriffs-

phobie

fläche wie nur eben möglich zu liefern oder sich seine Umgebung zuerst genau anzusehen, bevor man sich einen Kuss gibt. Warum gibt es diesen abwertenden Fingerzeig auf Menschen, die ein wenig anders sind? Das dürfte dem Umstand zu verdanken sein, dass man sich selbst größer, besser fühlt, wenn man seine Mitmenschen anprangert und schlechter macht.

Man kann beobachten, dass Männer generell homophober eingestellt sind als Frauen. Auch, dass das Alter eine nicht unerhebliche Rolle spielt, da vor allem ältere Menschen ab 60 Homosexualität gegenüber weniger offen gegenüberstehen als jüngere Menschen. Die Homophobie ist auch bei Personen mit niedrigerer Schulbildung wesentlich höher als bei Menschen mit einer mittleren oder höheren Schulbildung. Menschen mit einem Migrationshintergrund stehen dem Thema Homosexualität auch weniger offen gegenüber als Menschen ohne einen Migrationshintergrund, wobei hier vor allem auch die Türkei, arabische Länder, ehemalige Sowjetunion und Ex-Jugoslawien auffällig homophob denken. Klar ist, dass hier

vor al em auch Tradition und das aus ihrem Land stammende Männer- beziehungsweise Frauenbild sowie Religion eine große Rolle spielen. Je mehr sich die Menschen mit ihrer Religion verbunden fühlen, um so größer ist die Abneigung von Homosexualität. Hier dürfen auch Rechtsradikale nicht vergessen werden, da sie einen sehr hohen Stellenwert bei Anfeindungen von Homosexuellen innehaben.

Vielleicht gibt es auch bei vielen Männern ein gesteigertes und übertriebenes Macho-Verhalten, um auf gar keinen Fall den Eindruck erwecken zu können, man selber sei irgendwie schwul angehaucht. Das geht gar nicht. Und eben aus dieser Übertriebenheit heraus gibt es auch eine immer größere Homophobie. Neben der übertriebenen Macho-Manier kommt es dann auch zur Unterdrückung des Interesses an Kunst oder Malerei, also vermeintlich weiblichen Interessen. Dabei ist ein breit gestreutes Wissens- und Interessensspektrum doch eigentlich von Vorteil und deutet auf Intellekt hin. Aber dies zu erkennen, wird mit Sicherheit noch einige Zeit in Anspruch nehmen.

Schwuchtel und Lesbe sind auch heute noch gebräuchliche Schimpfwörter, die schon an der Schule Verwendung finden. Hier fehlt es leider immer noch an Aufklärung durch Lehrer. Wenn man sich beispielsweise das Lehrmaterial ansieht, wird man schnell feststellen, dass hier immer nur heterosexuelle Paare als Anschauungsmaterial genutzt werden. Aufzuzeigen, dass es normal ist, wenn man nicht absolut der Norm entspricht, wäre eigentlich schon die Aufgabe von Lehrkräften, da sie die Kinder gerade in dem Alter unter ihrer Obhut wissen, in der diese ihre Persönlichkeit und ihre Einstellungen gerade entwickeln. So könnte ein freundliches Miteinander geschaffen und Vorurteile schon in jungen Jahren unterbunden beziehungsweise abgebaut werden.

Was kann man tun, um endlich Homophobie abzubauen, Personen vor Diskriminierung und Übergriffen zu schützen? Man sollte vor allem auch schon bei den sehr jungen Menschen ansetzen, damit hier nicht erst Homophobie erlernt wird. Es ist schon so, dass Kinder unbefangen auf die Welt kommen, ihre Meinung von den Eltern, Großeltern oder weiteren Familienangehörigen vorgelebt und anerzogen wird. Schon hier sollte aufgeklärt werden, um von vornherein dafür zu sorgen, dass es nicht so weit kommt. Auch Lehrer sollten ihre Funktion ernst nehmen, da sie einen nicht unerheblich Einfluss in der Meinungsbildung von Kindern und Jugendlichen haben.

Es wäre auch hilfreich, Homosexuellen nicht zu unterstellen, dass sie sich auffälliger geben würden als heterosexuelle Menschen. Ja, zugegeben, es gibt einige „Übertreiber", die stark auffallen. Hier sind beispielsweise die übernatürlich weiblichen Schwulen, die sich so bewegen und sprechen, wie es normalerweise keine Frau tun würde, sie sind bunte Vögel, die mit sich selbst total im Reinen sind und auch gerne im Mittelpunkt stehen. Und sicher gibt es auch Lesben, die übertrieben machomännlich durch die Gegend stapfen und so tun, als hätten sie so viele Muskeln, dass sie ihre Arme nicht anlegen können, mit leichter O-Bein-Stellung, so als hätten sie übermäßig große Hoden. Im Normalfall sehen sich Homosexuelle immer dem Vorwurf gegenübergestellt, dass sie sich mit ihrem gleichgeschlechtlichen Partner und der expliziten Nennung ihres Partners immer hervorheben wollen. Aber das ist eigentlich gar nicht so. Bei den heterosexuellen Paaren fällt es nur einfach nicht ins Gewicht, da sie ja eine „normale" Bindung zu einem anderen Menschen haben. Heterosexuelle leben in einem Rahmen der Selbstverständlichkeit und Erwartung, weshalb Homosexuelle so oder so auffällig sind. Bei den meisten Homosexuellen ist es keine gewollte Aufmerksamkeit, die sie auf sich ziehen.

Hier kann ich aus eigener Erfahrung berichten, da ich mich eigentlich jedes Mal aufs Neue oute, wenn ich jemanden neu kennenlerne. Hier will ich keine Aufmerksamkeit auf mich oder meine Frau ziehen, aber dadurch, dass ich mich immer wieder neu oute, erhalte ich Aufmerksamkeit, da wir von der Norm abweichen. Bei einem heterosexuellen Paar wäre dieser Akt der Vorstellungsrunde kein Aufreißer. Oder wenn ich meiner Frau einfach mal schnell einen Kuss geben möchte, weil sie eben etwas Nettes gesagt hat oder ich sie liebe, das wäre auch schon eine anstößige Handlung, die viel Aufmerksamkeit auf sich zieht, von der sich einige Menschen unangenehm berührt fühlen könnten. Auch das wäre bei Heterosexuellen nichts Verfängliches. Das ist sehr schade, weil wir alle Menschen sind, egal wen oder wie man liebt. Hier müsste sich noch einiges ändern.

Nicht alle Menschen verhalten sich Homosexuellen gegenüber wie sie es bei heterosexuellen Personen tun würden. Meine Frau hatte mir erzählt, dass es bei ihrem Coming-out leider auch eine vermeintlich gute Freundin gab, die sich komplett von ihr abgewendet hatte. Später erfuhr meine Frau Sandra, dass eben diese Freundin – mit Sicherheit anerzogen – die Meinung vertrat, dass Lesben jedes weibliche Wesen verführen wollen, so lange diese nicht schnell genug davonrennen. Das ist auch ein Vorurteil, das sich vor allem in der Homophobie oft feststellen lässt.

Immer noch äußert sich Homophobie in Vorurteilen, Ungerechtigkeit, Abneigung, Unterdrückung, Verfolgung, Hass und körperlicher Gewalt gegenüber homosexuellen Menschen. In einigen Ländern gibt es für einige Homosexuelle leider auch die Todesstrafe, die gelegentlich sogar staatlich organisiert ist. Auch auf dieses Thema werde ich in einem separaten Kapitel noch näher eingehen.

Homophobie treibt viele Homosexuelle und Andersliebende in psychische Krankheiten, wie beispielsweise Depressionen, der gar in Selbstmord des von der Gesellschaft diskriminierten Betroffenen enden kann. Man sollte Menschen endlich als Menschen und Schöpfung Gottes sehen und aufhören anzuprangern. Es wäre schön, wenn Namen und Bezeichnungen für bestimmte Gruppen endlich aus dem Sprachgebrauch verschwinden. Andersartigkeit beginnt erst mit deren Benamung. Vielleicht lässt sich so endlich ein Weg finden, um Homophobie abzubauen.

Christopher Street Day

Heute verbindet man mit dem Christopher Street Day (CSD) Umzüge, auf denen die Regenbogenfahne immer wieder zu sehen ist, halbnackte Menschen, die für ihre Rechte auf freie und straffreie Liebe kämpfen und lauter Musik. Sie feiern ihre Homosexualität und sind stolz auf den Weg, der bereits hinter ihnen liegt. Aber der CSD war am Anfang kein buntes Spektakel, sondern eine ernste Demonstration.

Der Anfang liegt in der Nacht vom 27. auf den 28.06.1969 in der Schwulenbar „Stonewall Inn" in der Christopher Street, Ecke 7th Avenue in Greenwich Village (New York). Immer wieder hatte es in den 1960er Jahren Razzien und gewalttätige Auseinandersetzungen in einschlägigen Schwulenbars sowie gegen Schwule, Lesben und Transsexuelle gegeben. Wegen anstößigen Verhaltens. Damals war schon die Anwesenheit in einer vermeintlichen Schwulenbar ausreichend, um angeklagt oder bloßgestellt zu werden. Bloßstellung durch Aufnahme der Namen der in Schwulenbars verkehrenden Personen durch die Polizei, um diese dann in der Zeitung zu veröffentlichen. Nicht selten wurden die so in der Zeitung geouteten Homosexuellen von der Bevölkerung hinterher ins Lächerliche gezogen, diffamiert oder sie verloren ihren Job.

Doch in dieser Nacht hatten sich die Gäste gegen die Diskriminierungen der Polizei gewehrt. Dies war der Startschuss für tagelange Aufstände Schwuler und Lesben in Greenwich Village. Ende Juli folgte die „Gay Liberation Front", eine Emanzipationsbewegung in New York. Sie kämpfte erstmals öffentlich für die Rechte Homosexueller. Noch vor dieser Nacht war es völlig normal, dass Homosexuelle vor allem in Amerika immer wieder angegriffen wurden. Das verwundert nicht, da in

dieser Zeit Homosexualität noch als psychische Krankheit angesehen wurde, gleichgeschlechtliche Beziehungen illegal waren und schwuler Sex dank der Sodomie-Gesetze unter Strafe stand.

Zum Gedenken an den Stonewall-Aufstand, wird seither in New York jährlich am letzten Samstag im Juli ein Straßenumzug veranstaltet, der CSD oder auch Gay Pride genannt wird. Er ist Vorlage für alle nachfolgenden und weltweit gefeierten CSDs. Warum hatte sich die Gay-Community gerade dieses Ereignis ausgesucht, um ihn als Wendepunkt in der Schwulen- und Lesbenbewegung zu nehmen? Es war das erste Mal, dass sich eine größere Gruppe von Homosexuellen der Verhaftung widersetzte und somit den Startpunkt im Kampf um Anerkennung und Gleichberechtigung legte.

Wie kam es dazu, dass den Polizisten ausgerechnet in dieser Nacht so viel Kontra geboten wurde? Es gibt Menschen, die behaupten, dass es an dem Tod von Judy Garland eine Woche zuvor gelegen haben könnte. Sie war eine Ikone der Schwulenszene. Garlands Beerdigung fand am 27.06.1969 statt und viele der Trauernden begaben sich danach ins Stonewall Inn. Es wird gemutmaßt, dass die Stimmung deshalb schon etwas gereizter war als bei den früheren Razzien. Es gibt aber auch Stimmen, die hier überhaupt keinen Zusammenhang sehen. Manche sagen, dass es zu dieser Zeit ein generelles Auflehnen in der Bevölkerung gab, man denke hier nur an die Demonstrationen gegen den Vietnamkrieg, Atomwaffen oder für freie Liebe. Bei all diesen Demonstrationen standen Schwule, Lesben, Bisexuelle und Transgender nie im Mittelpunkt, sondern weit abseits, weshalb der Ruf aus der

Unterdrückung heraus wohl auch immer lauter wurde. Die Homosexuellen wollten ihre Lage bessern und auf die Missstände aufmerksam machen. Wahrscheinlicher dürfte sein, dass die Bar-Betreiber keine Warnung wie bisher erhalten hatten, dass eine Razzia durchgeführt werden sollte. Die Razzia war auch später angesetzt als bisher üblich, gegen 1:20 Uhr morgens. Dass eine Razzia bevorstand, wussten die Bar-Betreiber dank Schmiergelder eigentlich schon weit im Vorfeld. Festgenommen wurden meistens nur solche Menschen, die sich nicht ausweisen konnten oder geschlechtsuntypische Kleidung trugen. Doch in dieser Nacht war alles anders. Es kam zu Handgreiflichkeiten der Polizei gegenüber Besuchern der Bar, somit auch zu großen Unruhen.

Polizisten wurden in die Bar zurückgedrängt. Vor der Bar versuchte die aufgeheizte Menge, mit Hilfe einer Parkuhr, die als Rammbock diente, in die Bar zu gelangen und die Polizisten zu vertreiben. Immer mehr Neugierige, Anwohner und Besucher umliegender Bars kamen auch zum Ort des Geschehens, wodurch die Stimmung immer aggressiver wurde. Steine, Münzen, Pflastersteine und Flaschen flogen, schwule Männer wurden misshandelt, es gab viele Festnahmen und Verletzte, Polizeiwagen wurden attackiert.

Als sich rund 400 Polizisten und 2.000 Demonstranten gegenüberstanden, wurde die Tactical Patrol Force (ursprünglicher Einsatz bei Demonstrationen von Vietnamkriegsgegnern) eingesetzt. Sie konnte vorläufig für Ruhe sorgen. Doch auch in den nächsten Tagen kam es zu weiteren Auseinandersetzungen. Die Demonstranten hatten genug von der Schikane und der schlechten Behandlung, mit der die Polizei gegen Homosexuelle vorging. Diese Unruhen dauerten fünf Tage an.

Im Juli wurde die „Gay Liberation Front" (GLF) in New York gegründet, die sich bis zum Ende des Jahres auch in anderen Städten des Landes ausbreitete. Sie setzte sich für die Rechte von Homosexuellen ein. Abgelöst wurde sie von der „Gay Activists Alliance" (GAA), die ab 1973 aber transsexuelle und afroamerikanische Menschen ausgrenzte, um das Antidiskriminierungsgesetz (Gay Rights Bill) schneller durchsetzen zu können. Ähnliche Organisationen folgten nun auch in weiteren Ländern, wie beispielsweise in Australien, Belgien, Deutschland, Frankreich, Großbritannien, Kanada und den Niederlanden. Das war der Anfang der LGBTQ*-Bewegung.

1970, also genau ein Jahr später, fand der erste Umzug der „Gay Liberation Front" statt, an dem zwischen 5.000 und 10.000 Menschen teilnahmen. Er führte vom Greenwich Village zum Central Park und sollte an den Stonewall-Aufstand erinnern. Diskriminierungen und Razzien standen immer noch an der Tagesordnung, doch schämten sich die Homosexuellen nicht mehr so stark wie vor dem Aufstand. Das war der erste Christopher Street Day (CSD), der seither jedes Jahr im Sommer stattfindet. Er ist Vorbild für Umzüge weltweit. Der CSD wird gefeiert, um den zuvor beschriebenen Demonstrationen im Stonewall Inn und der Entkriminalisierung von Homosexualität zu gedenken, aber auch, um die Gleichberechtigungen zu heterosexuellen Menschen zu feiern. By the way: Christopher Street Day ist ein im europäischen Raum gebräuchlicher Name, weltweit wird eher vom Gay Pride oder Pride Parade gesprochen.

Das Stonewall Inn ist heute ein „National Monument". Barack Obama (ehemaliger US-Präsident) hatte es 2016 zu einem amerikanischen Nationaldenkmal für die Rechte von Schwulen und Lesben erklärt. Eine schöne Geste auf dem Weg zu einer wirklichen Integration von andersliebenden Menschen. Schön ist, dass New York um den CSD herum immer viele Veranstaltungen und Ausstellungen bietet, die von vielen Touristen besucht werden. Es gibt Konzerte, Opern, Film- und Theateraufführungen, Kreuzfahrten, Partys. Namhafte Persönlichkeiten sind die Aushängeschilder der Schwulen- und Lesbenparaden in New York. Es ist schön zu sehen, dass auch die New Yorker Polizei bei den Paraden anzutreffen ist, mitfeiernd, wohlwollend. Es hat sich vieles getan. Schade ist jedoch, dass Besucher des New Yorker CSD tief in die Tasche greifen müssen – bis zu 200 Dollar kostet hier ein Ticket. Besser wäre es, sich an die ursprüngliche Aussage des CSD zu erinnern und ihn kostenlos zu halten.

Der erste CSD Deutschlands fand 1979 in Berlin statt, mit knapp 400 Schwulen und Lesben, die sich am Savignyplatz trafen und vom Kurfürstendamm in Richtung Halensee liefen. Pritschenwagen, bemalte Transparente und Megafone waren ihre Begleiter. In Deutschland findet der CSD an den Wochenenden von Juni bis August statt, mit Partys und Kulturwochen, wie Gay-Filmfestivals, Konzerten und Lesungen. Auch bekannte Persönlichkeiten lassen sich gerne auf solchen Veranstaltungen sehen, es ist gut für das Image und hilft für mehr Akzeptanz.

Für alle LGBTQ*s war und ist der 28.06.1969 sehr wichtig. Dieser Tag war wichtig für viel Positives in den nachfolgenden Jahren. Es war kein leichter Weg, weshalb es umso schöner ist, dass man diesen besonderen Tag des ersten Auflehnens gegen Diskriminierung vor über 50 Jahren jedes Jahr aufs Neue feiert.

Die Regenbogenfahne

In diesem Kapitel möchte ich näher auf das bekannteste Symbol der Homosexuellen eingehen. Die Regenbogen-fahne, auch Pride-Flagge genannt, also Flagge des Stolzes. Sie steht weltweit für die LGBTQ*-Szene, deren Vielfalt und gegen Diskriminierung dieser Lebensweisen. Sie ist auch ein Zeichen der Solidarität heterosexueller Menschen zur LGBTQ*-Community.

Erschaffen wurde die achtfarbige Fahne von dem homosexuellen US-Künstler und Aktivisten Gilbert Baker, der am 31.05.2017 im Alter von 65 Jahren in New York verstarb. Der am 02.06.1951 in Chanute, Kansas, geborene Baker hatte sich zu Lebzeiten sehr in der Schwulen- und Lesbenbewegung engagiert und für den Gay Freedom Day 1978 in San Francisco dieses weltweit genutzte Symbol geschaffen. Den Auftrag hierzu hatte er von Harvey Milk erhalten, dem ersten öffentlich schwul lebenden Mann, der in Kalifornien für die Regierung arbeitete. Ange-blich war die Quelle der Inspiration des Designs der Song „Over the Rainbow" von Judy Garland. Gilbert Baker hatte das Muster nie schützen lassen, jeder sollte es nutzen dürfen, da er es als Symbol der LGBTQ*-Gemeinschaft betrachtete.

Ursprünglich hatte die Fahne acht Farben, die alle ein eigenes Thema symbolisieren:

(Hot Pink für Sexualität),

Rot für Leben,

Orange für Heilung,

Gelb für Sonnenlicht,

Grün für Natur,

(Türkis für Kunst),

Königsblau für Harmonie,

Violett für Geist.

Die links in Klammern stehenden Farben waren bei der Version, die am Gay Freedom Parade verteilt wurde, nicht mit von der Partie. Das lag daran, dass das von Baker selbst gefärbte grelle „Hot Pink" damals nicht industriell von der beauftragten „Paramount Flag Company" produziert werden konnte. Für eine gerade Anzahl an Farben wurde auch die Farbe Türkis weggelassen. Auch das ursprüngliche Incigoblau wurde durch ein Königsblau ersetzt. Gilbert Baker hatte die Regenbogenfahne in Massen produzieren lassen, da sie zu Ehren des 1978 ermordeten schwulen Stadtrates von San Francisco, Harvey Milk, verwendet werden sollte beim Trauer- und Protestmarsch.

Regen

Die Regenbogenfahne wird oft verwechselt mit
der Pace-Fahne der 1961 in Italien gegründeten
Friedensbewegung. Sie hat die Farben Rot und
Violett gerade umgekehrt dargestellt, also oben
Violett und unten Rot, zudem besitzt sie auch
einen siebten hellblauen Streifen in der Mitte. Ein
weiterer Unterschied findet sich im Schriftzug, der
bei der PACE-Flagge vorhanden ist. Verwechselt
wird die Regenbogenfahne gelegentlich auch
mit der Fahne der Umweltschutzorganisation
Greenpeace, die zwar auch mit den Farben
der Regenbogenfahne aufwartet, doch sie nutzt
sieben Farben in Form eines Bogens auf weißem
Hintergrund.

Seit 2014 dient die Regenbogenfahne als „Zebra-
Streifen" in der City of San Francisco an der
Hauptkreuzung in der Castro Street als Fußgän-
gerüberweg. Es sind nicht die üblichen schwarz-
weißen Streifen.

bogen

Weitere Flaggen und Symbole der LGBTQ*-Bewegung

Symbol Doppel-Venus

Weltweit werden einige Symbole, Zeichen, Banner, Buttons und Flaggen genutzt, um nach außen hin sichtbar zu machen, wer und was man ist. Das gilt auch für die LGBTQ*-Szene. Sie sind alle unterschiedlich in der Gestaltung und ihrer Entstehungsgeschichte. Meine Frau hat erst angemerkt, dass ihr gar nicht bewusst war, wie viele Zeichen und Symbole zu Tage treten, die allesamt etwas mit Homosexualität zu tun haben: „Das Buch hat noch vor Veröffentlichung meinen Horizont erweitert."

Nachfolgend findet Ihr die bekannteren Symbole und Flaggen, die Euch sicher auch schon über den Weg gelaufen sind, mit denen Ihr aber vielleicht nicht viel anfangen oder die Ihr nicht zuordnen konntet.

Das Gendersternchen

Man kennt das Symbol auch als Genderstern, wobei es eigentlich Gendersternchen heißt und 2019 zum „Anglizismus des Jahres" wurde. In Deutschland bezeichnet der Asterisk (Stern) bei Personenbezeichnungen zugleich Frauen und Männer, aber auch alle anderen Geschlechteridentitäten. Angelehnt ist das typografische Zeichen an die Computersprache, wo es als Platzhalter für eine beliebige Zahl von Buchstaben dient. Bei der gebräuchlichen Angabe LGBTQ* (Lesbisch, Gay (Schwul), Bisexuell, Transgender, Queer) steht das Gendersternchen für alle anderen Unterarten der bunten Community, um die Buchstabenfolge übersichtlich zu halten und trotzdem niemanden auszulassen, wie beispielsweise Intersexuelle, Nichtbinäre, Asexuelle, Pansexuelle und viele mehr.

Das Lambda-Zeichen

Das Zeichen heißt Lambda und ist der griechische Kleinbuchstabe für „l". Genutzt wird das Lambda-Zeichen für die homosexuelle Lebensweise wegen dem Anfangsbuchstaben von liberty (engl. für Freiheit). Der Grafiker Tom Doerr hatte es als Symbol für die „Gay Activists Alliance" (GAA) gewählt, die 1969 nach den Stonewall-Unruhen gegründet wurde. Doerr selbst war Gründungsmitglied der GAA und hatte das Lambda-Symbol gewählt, da es in der Chemie als Katalysator, in der Physik als Energie oder Wellenlänge steht (bildlich gesprochen für: auf einer Wellenlänge). Ursprünglich hatte Doerr das Lambda-Zeichen in der Farbe Gelbchrom auf dunkelblauem Hintergrund entworfen. Heute wird es von der Gay-Community in der Farbe Pink genutzt.

Der Rosa Winkel

Auch wenn es heute für die kunterbunte LGBTQ*-Community steht, so hat es eine traurige Geschichte. Einst nutzten die Nationalsozialisten den Rosa Winkel, um homosexuelle Häftlinge in Konzentrationslagern zu kennzeichnen. Für jeden Häftling in den Konzentrationslagern gab es eine entsprechende und an ihren Jacken anzubringende Kennzeichnung, um sie so leichter identifizieren und Gruppen zuordnen zu können. Im Zweiten Weltkrieg war es eindeutig ein Werkzeug zur Unterdrückung. Heute steht der Rosa Winkel für LGBTQ* weltweit. Der Rosa Winkel wurde vom Verlag Rosa Winkel (1975 bis 2005) genutzt, dem ersten Verlag für Homosexuelle in Deutschland.

Rote Schleife

Die 1991 von der New Yorker Künstlergruppe „Visual AIDS" entworfene AIDS-Schleife (Red Ribbon) steht für Solidarität mit HIV-Infizierten. Sie ähnelt ihrem Vorbild, der Gelben Schleife (erschaffen 1980/1981), die die Verbundenheit der Vereinigten Staaten zu ihren im Ausland kämpfenden Truppen symbolisiert. Die Rote Schleife wird oft mit Schwulen in Verbindung gebracht, da es in den 1990er Jahren durch ungeschützten Sex, hauptsächlich unter schwulen Männern, zu einem rasanten Anstieg von AIDS weltweit kam. Eingedämmt wurde die Ausbreitung von AIDS dank Kondomen und Aufklärungen. Es gibt einige dieser Schleifen, auch Awareness Ribbon genannt, die unterschiedliche Farben aufweisen. Es gibt beispielsweise folgende Schleifen: Rosa für Brustkrebs, Schwarz für Trauer, Weiß gegen häusliche Gewalt sowie Blau für Meinungs- und Redefreiheit, gegen Stalking und Mobbing.

Die Bisexuellen-Flagge

Da sich Bisexuelle nie gänzlich mit der Regenbogenfahne identifizieren konnten, schuf Michael Page 1998 eine eigene Bisexuellen-Flagge. Zwei gleich große Streifen in Blau und Pink umgeben einen schmaleren lila Streifen in der Mitte. Warum hat Michael Page ausgerechnet diese Farben für die Flagge gewählt? Blau steht für Heterosexualität, Pink für Homosexualität, Lila für Bisexualität, also das Ergebnis der Farbmischung Blau und Pink.

Die Transgender-Flagge

Die Flagge steht für Transgender und wurde 1999 von Monica Helms entworfen. Zum ersten Mal wurde sie 2000 während einer LGBTQ*-Demonstration in Phoenix, Arizona, USA eingesetzt. Monica Helms selbst wurde als Mann geboren und ist Transgender-Aktivistin und Autorin. Helms hatte die „Transgender American Veterans Association" (TAVA) 2003 gegründet, dessen Präsidentin sie auch bis 2013 war. Die Transgender-Stolz-Flagge (Transgender Pride Flag) besteht aus fünf horizontalen Streifen. Am Rand sind zwei hellblaue Streifen zu sehen, sie symbolisieren männliche Neugeborene. Es folgen zwei rosafarbene Streifen, die für neugeborene Mädchen stehen. In der Mitte ist ein weißer Streifen, der keines der beiden Geschlechter darstellt, also für Intersexuelle, Transsexuelle oder solche Menschen steht, die sich bewusst nicht nach dem Zweigeschlechtersystem definieren wollen.

Die Polyamorie-Flagge

Polyamorie bedeutet einverständliche Liebe zu mehreren Partnern zur gleichen Zeit, also nicht nur zu einem festen Partner. Warum hatte Jim Evans die Flagge 2014 so gestaltet? Die Farbe Blau steht für Offenheit und Ehrlichkeit zwischen den Partnern in einer Poly-Beziehung. Rot symbolisiert die Liebe und Leidenschaft, Schwarz steht für das „Schattendasein", da polyamore Beziehungen sozialem Druck unterliegen und versteckt ausgelebt werden. Mittig steht der griechische Buchstabe π (Pi), der Anfangsbuchstabe von Polyamory, in Gold. Auch hier findet man eine Bedeutung: Gold steht für innige, emotionale Liebe zu allen Partnern.

Flagge für Intersexuelle

Intersexuelle Menschen können nicht eindeutig dem weiblichen oder männlichen Geschlecht zugeordnet werden. Das kann entweder hormonell, genetisch oder anatomisch bedingt sein. Die Flagge hat ein schlichtes Design und wurde 2013 von der Organisation Intersex International Australia designt. Der lila Kreis auf gelbem Hintergrund ist keinem Geschlecht zugeordnet und symbolisiert die Ganzheit, Vollkommenheit, die intersexuellen Menschen aberkannt wird.

Neue Intersexuellen-Flagge

Die neueste Version der Flagge besteht aus drei rosa Balken für das weibliche Geschlecht, zwei weißen Balken für Sexneutralität und einem hellblauen Balken für das männliche Geschlecht. Da sich intersexuelle Menschen weder dem weiblichen noch dem männlichen Geschlecht eindeutig zuordnen, verbinden sich in der Mitte der Flagge Rosa und Hellblau, um eben das nicht zuordenbare Geschlecht darzustellen.

Flagge für nichtbinäre Menschen

Die Flagge für nichtbinäre Menschen, also solche, die sich weder als Mann noch als Frau sondern als ein Geschlecht außerhalb des binären Geschlechtssystems definieren, entstand im Rahmen eines Gestaltungswettbewerbs. Gewinnerin war die 17-jährige Person Kye Rowan. Das Gelb steht für ein Geschlecht außerhalb des Systems der Zweigeschlechtlichkeit. Weiß steht für weißes Licht, das alle Farben beinhaltet, es steht sozusagen für Menschen, die sich über mehrere Geschlechter definieren. Violett besteht aus Blau und Rot und steht für die Mischung beider Geschlechter. Schwarz steht hier für Personen, die sich als geschlechtslos bezeichnen.

Flagge für Agender

Agender Personen fühlen sich weder als Frau noch als Mann, sondern als geschlechtslos oder geschlechtsneutral. 2014 hatte Salem X/„Ska" die Flagge entworfen. Schwarz und Weiß stellen das komplette Fehlen einer Geschlechtsidentität dar. Grau steht für Menschen, die sich teilweise als geschlechtslos bezeichnen. Grün steht für Agender, also ein nicht-binäres Geschlecht, weder Mann noch Frau.

Flagge für Asexuelle

Asexuelle Menschen haben kein Verlangen nach Sex, wünschen sich eine Beziehung, aber meist auf rein platonischer Basis. Ihr Erkennungszeichen wurde aus mehreren Einreichungen im Sommer 2010 unter der Leitung der „Asexual Visibility and Education Networks" (AVEN) durch Abstimmung der Mitglieder gewählt. Schwarz steht hier für Asexualität, die Farbe Grau bezeichnet die Grauzone zwischen asexuell und sexuell. Weiß steht für demisexuelle Menschen, die nur eine sexuelle Lust zu Personen verspüren, wenn sie zu ihr eine emotionale Bindung aufgebaut haben. Auch die Community findet sich in dieser Flagge durch das Violett.

Flagge für Pansexuelle

Pansexuelle haben kein sexuelles Begehren nach einem spezifischen Geschlecht und sind offen für Beziehungen mit Menschen, die sich nicht über ein Geschlecht definieren. Das aus dem Griechischen stammende „Pan" bedeutet umfassend und bezeichnet das gleiche wie das „omni" aus dem Lateinischen, deshalb auch omnisexuell. Es sind drei gleich breite Streifen in Rosa für das Weibliche (angeboren oder nicht), in Blau für das Männliche und mittig in Gelb für das Zwischenliegende, also beispielsweise genderfluid, intersex oder transgender.

Die Genderqueer-Flagge

Genderqueere Menschen können oder wollen sich nicht einem bestimmten Geschlecht zuordnen lassen. Die Flagge für diese Menschen hat 2011 Marylin Roxe gestaltet und soll genderqueere Menschen sowie die Vielfältigkeit der Identitäten sichtbar machen. Es sind drei gleichmäßige Streifen. Der obere Streifen hat die Farbe Lavendel, die aus den beiden typischen Farben für Mann und Frau, also Blau und Rosa entsteht. Lavendel symbolisiert Androgynität und das „queer" in genderqueer. Der mittlere Streifen ist Weiß und steht für die Identitäten, die sich nicht durch das Geschlecht definieren. Das Dunkelgrüne symbolisiert alle Identitäten außerhalb des binären Geschlechtersystems.

Flagge für Lipstick-Lesben

Unverkennbar: die Farben dieser 2009 von einer Bloggerin in New York entworfenen Flagge trotzen vor Weiblichkeit, Harmonie, Sexualität. Rosa, Pink, Rot. Lipstick-Lesben haben ein sehr feminines Auftreten.

Die Bärenfahne

Was sind die Charaktereigenschaften eines Bären? Behaart, dicklich, stämmig, gemütlich. Also das komplette Gegenstück eines „typischen Schwulen" wie man ihn sich gemeinhin vorstellt. Die Bären wollen diesem Schwulenideal aber keineswegs entsprechen und grenzen sich absichtlich davon ab. Craig Byrnes hatte die Bärenflagge 1995 entworfen. Sie enthält die Fellfarben von allen Bären weltweit.

Die Leder-Pride-Flagge

1989 hatte Tony DeBlase die Leder-Pride-Flagge entworfen, wobei er dem Betrachter die Deutung der Farben der Streifen überlässt. Das Herz steht für Respekt und Einfühlungsvermögen. Diese Flagge richtet sich nicht nur an Homosexuelle, da es auch heterosexuelle Lederfetischisten gibt.

Die Fettfetisch-Fahne

Der Designer Kevin Seguin hat für diese Flagge die Eiscremesorten Erdbeer, Vanille und Schokolode genutzt: Rosa, Crème und Braun. Das mittig stehende Herz symbolisiert Liebe und Zuneigung. Verwendung findet diese Flagge bei heterosexuellen und homosexuellen Fettleibigkeitsfetischisten.

Die Uniform-Fetisch-Flagge

Wer diese Flagge designt hat, ist nicht bekannt. Die Farbenwahl erinnert stark an Tarnanzüge, Grüntöne und Grautöne. Vor allem im Internet wird diese Flagge oft als Erkennungszeichen genutzt.

Fußfetisch-Flagge

Diese Flagge hat ein ganz anderes Format als alle anderen Flaggen. Sie kommt im Format 1:3 daher und soll so die längliche Form des Fußes darstellen. Die roten Sterne sind praktisch die 10 Zehen von zwei Füßen. Auch hier findet sich wieder ein Herz, diesmal in Weiß, doch die Symbolik dahinter ist auch wieder das Symbol für Liebe, Zuneigung und Toleranz.

Doppel-Venus

Das astronomische Symbol für den Planeten Venus entstand zwischen dem 3. und 8. Jahrhundert. Der „Spiegel der Venus", wie das Frauenzeichen auch genannt wird, ist vom ägyptischen Symbol „Ankh" abgeleitet, es ist auch gleichzeitig das Symbol für die Kräfte der Venus: Sexualität, Liebe und Leben. Biologisch steht die Venus für das weibliche Geschlecht. Zwei ineinander geschobene Symbole stehen für die lesbische Community, auch Doppel-Venus genannt. Entstanden ist dieses Symbol in den 1970er Jahren.

Doppel-Mars

Das astronomische Symbol für den Planeten Mars steht biologisch für das männliche Geschlecht. Zwei ineinander geschobene Symbole stehen für Schwule, auch Doppel-Mars genannt. Entstanden ist dieses Symbol, wie sein Gegenstück Doppel-Venus auch, in den 1970er Jahren.

Trans-Feminismus-Symbol

Dieses Symbol ist das Transgender-Zeichen mit einer im inneren des Kreises liegenden Faust. Die Faust wurde aus der Feminismusbewegung übernommen. So soll aufgezeigt werden, dass Transgender-Frauen auch Frauen sind, die ebenfalls für ihre Rechte kämpfen.

Transgender-Symbol

Dieses Symbol vereint Venus, also das weibliche Geschlecht und Mars, also das männliche Geschlecht sowie den Mix beider Symbole in einem Kreis. Es ist heute das bekannteste Transgender-Symbol weltweit und wurde 1993 von Holly Boswell, einer Aktivistin und Schriftstellerin, entworfen.

Pansexualität-Symbol

Hier steht das „P" für Pansexualität im Mittelpunkt, wobei hier auch die Symbole der Männlichkeit, Weiblichkeit und Transgender verschmolzen werden.

Symbol Bisexuelles Dreieck

Dieses Symbol ist historisch behaftet, da die Nationalsozialisten im Dritten Reich das pinke Dreieck nutzten, um Homosexuelle in Konzentrationslagern zu kennzeichnen. Gerade wegen dieser dunklen Geschichte, die für Unterdrückung steht, wird es von Bisexuellen nicht gerne genutzt. Das Symbol zeigt ein pinkes und ein blaues Dreieck, die sich überschneiden und so ein drittes, lilafarbenes Dreieck bilden.

Doppelhalbmond

Dieses Symbol ist auch ein Erkennungszeichen für Bisexuelle und wird von ihnen gerne genutzt, da es nicht an die schlimme Vergangenheit unter den Nationalsozialisten im Dritten Reich erinnert, wie es beim vorstehenden Symbol der Fall ist. Die Aktivistin Vivian Wagner hat deshalb 1998 das Doppelhalbmondsymbol gestaltet, das die Farben der bisexuellen Community aufweist.

Doppelaxt

Das alte und schon von Amazonen genutzte Symbol ist auch als Labrys bekannt. Der Name stammt von den Amazonen-Priesterinnen, die auch labryadai genannt wurden. Einst war es ein Symbol für Feminismus, doch seit den 1970er Jahren nutzen Lesben das Symbol für ihren Kampf um Frauenrechte und Anerkennung.

Veilchen

Schon im alten Griechenland verband man Veilchen mit lesbischen Frauen, die griechische Dichterin Sappho hatte lila Veilchen schon in ihren Werken genutzt. Auch die Frauenbewegung hatte die Farbe Lila schon für sich symbolisch arbeiten lassen. In den 20er Jahren war es die Farbe schlechthin der Femme fatale und der Frauenliebe.

Grüne Nelken

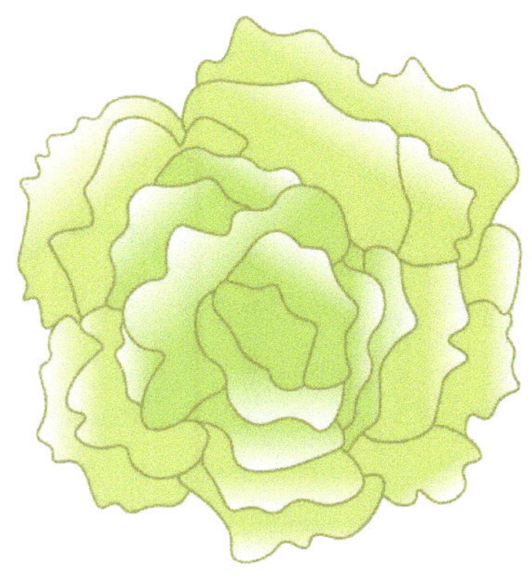

Warum wurde die grüne Nelke ein Erkennungszeichen für schwule und bisexuelle Männer? Zu nennen wäre hier das Buch „The Green Carnation" (Die grüne Nelke) von Robert Hitchens, das 1884 erschien. Offensichtlich war, dass Hitchens mit seinen Hauptcharakteren eigentlich die Liebesbeziehung zwischen Oscar Wilde und dem 16 Jahre jüngeren Lord Alfred Bruce „Bosie" Douglas umschrieb. Zum Symbol wurde die Nelke wohl auch, weil Oscar Wilde 1892 seine Gäste zur Premiere einer seiner Stücke bat, sich eine grüne Nelke anzustecken.

Das Lebenspartnerschaftsgesetz

LPartG §

Misst man es mit heutigem Maßstab, ist das Lebenspartnerschaftsgesetz wohl nicht wirklich ein großer Fortschritt im Kampf Homosexueller an die Angleichung zu heterosexuellen Partnerschaften. Doch als das „Gesetz über die Eingetragene Lebenspartnerschaft" (LPartG), wie es offiziell bezeichnet wird, am 16.02.2001 erlassen wurde (siehe BGBl. I S. 266) und am 01.08.2001 in Kraft trat, war es ein Meilenstein, stellte es zu der Zeit die einzige Möglichkeit dar, gleichgeschlechtlichen Beziehungen einen rechtlichen Rahmen zu geben, die auch einer heterosexuellen Ehe in vielem nachempfunden ist. Bis einschließlich September 2017 konnten sich zwei Menschen gleichen Geschlechts verpartnern oder wie es auch schön heißt: eine Lebenspartnerschaft begründen. Dies war auch nur gleichgeschlechtlichen Paaren vorbehalten, da heterosexuelle Paare eine normale Ehe eingehen konnten.

Vorausgegangen war der eingetragenen Lebenspartnerschaft die Lockerung des § 175 in den Jahren 1969 und 1973 sowie die Abschaffung eben dieses Paragrafen im Jahr 1994, womit die Homosexualität entkriminalisiert wurde. Homosexuelle mussten sich somit nicht mehr verstecken und forderten dieselben Rechte, wie sie auch Heterosexuelle hatten, auch was das Zusammenleben mit ihren Partnern anbelangte. Als Dänemark 1989 gleichgeschlechtliche Paare rechtlich absicherte, wurden in Deutschland Stimmen laut, hier auch die gleichen Grundlagen zu schaffen.

Wie stand die römisch-katholische Kirche der Lebenspartnerschaft gegenüber? Der damalige Papst Johannes Paul II. lehnte ihre rechtliche Anerkennung konsequent ab, ebenso wie sein Nachfolger Benedikt XVI. Keine Einwände jedoch hatte Papst Franziskus, solange die Lebenspartnerschaft der Ehe nicht angeglichen wurde. Die Evange-

lische Kirche in Deutschland (EKD) stand der Lebenspartnerschaft nicht so negativ gegenüber wie ihr katholisches Pendant. Im Laufe der Jahre näherten sich aber beide Kirchen einander an und setzten sich für die Stärkung gleichgeschlechtlich Liebender in ihren Gemeinden ein und forderten ein Klima der Akzeptanz, Offenheit und Toleranz.

Warum war es gleichgeschlechtlichen Paaren so wichtig, sich auch rechtlich als Partner bezeichnen zu dürfen? Die Erklärung ist recht einfach. Wie bei heterosexuellen Paaren auch, sollte im Vordergrund stehen, sich im Krankenhaus besuchen zu dürfen, sich gegenseitig abzusichern, gegenseitig Verantwortung zu übernehmen und öffentlich füreinander einzustehen. Schon die eingetragene Lebenspartnerschaft sieht denselben gesetzlichen Güterstand wie bei einer Ehe vor: die Zugewinngemeinschaft, die durch einen Lebenspartnerschaftsvertrag auch anders geregelt werden kann (Regelung in § 7 LPartG).

Die Hälfte aller zusammenlebenden gleichgeschlechtlichen Paare hatte eine eingetragene Lebenspartnerschaft begründet, die zum 01.10.2017 nach dem Gesetz zur Einführung des Rechts auf Eheschließung für Personen gleichen Geschlechts auf Antrag in eine Ehe (EheRÄndG) umgewandelt werden konnte (siehe § 20 a LPartG). Man spricht hier von „Ehe für alle". Auf die Ehe für alle werde ich später noch in einem separaten Kapitel eingehen. Das Bürgerliche Gesetzbuch (BGB) wurde an zwei Stellen angepasst:

* § 1309 erhält einen neuen Absatz 3: Absatz 1 gilt nicht für Personen, die eine gleichgeschlechtliche Ehe eingehen wollen und deren Heimatstaat die Eingehung einer gleichgeschlechtlichen Ehe nicht vorsieht.

- § 1353 Absatz 1:
  Die Ehe wird von zwei Personen verschiedenen oder gleichen Geschlechts auf Lebenszeit geschlossen.

Was musste bei der Begründung einer Lebenspartnerschaft beachtet werden? Wie war sie
geregelt und wie wurde sie vollzogen?

Eine Lebenspartnerschaft konnten nur zwei
Personen gleichen Geschlechts eingehen, auch
homosexuelle Ausländer, die ihren Wohnsitz in
Deutschland haben. Hier wurde Gewicht auf
das Heimatrecht jedes Verlobten gelegt. Dies
war dem Umstand geschuldet, dass nicht in
jedem Land eine eingetragene Partnerschaft in
der Rechtsordnung vorgesehen ist. Das war ein
großer Unterschied gegenüber dem Eherecht, bei
dem die Staatsangehörigkeit wichtig ist. Voraussetzung für eine eingetragene Lebenspartnerschaft ist, dass beide Partner volljährig und auch
keine Verwandten gerader Linie (Blutsverwandte)
und voll- oder halbbürtigen Geschwister (derselbe
Vater oder dieselbe Mutter) sind. Es muss auch
der Beweis erbracht werden, dass beide nicht verheiratet sind. Bei Deutschen geschieht dies anhand
von Personenstandsbüchern, Ausländer müssen
dies durch eine Ledigkeitsbescheinigung (nicht
durch ein Ehefähigkeitszeugnis) belegen.

Wie bei der heterosexuellen Ehe auch, mussten
für die Eintragung einer Lebenspartnerschaft bestimmte Unterlagen beigebracht werden. Welche
im speziellen, hing mitunter vom Familienstand ab.
Bei Ledigen mussten eine aktuelle (nicht älter als
sechs Monate) beglaubigte Abschrift aus dem
Geburtenregister des Standesamtes des Ge-
burtsortes, eine aktuelle (nicht älter als 14 Tage)
erweiterte Meldebescheinigung des Haupt- und
Nebenwohnsitzes sowie Personalausweis oder

gültiger Reisepass vorgelegt werden. War ein
Partner geschieden, war eine frühere Lebenspartnerschaft aufgehoben oder der Ehepartner
verstorben, musste man zusätzlich zu den zuvor
genannten Unterlagen auch noch vorlegen: die
aktuelle Ehe- bzw. Lebenspartnerschaftsurkunde
der letzten Ehe bzw. Lebenspartnerschaft mit dem
Vermerk der Scheidung/Aufhebung oder des
Todes des früheren Ehegatten bzw. Lebenspartners, einen Nachweis der Auflösung aller früheren
Lebenspartnerschaften oder Ehen durch Schei-
dungs- bzw. Aufhebungsurteil oder bei Ableben
die Sterbeurkunde sowie die Bescheinigung über
die Namenserklärung.

In § 3 des LPartG ist der Lebenspartnerschaftsname geregelt. Die Lebenspartner können einen
gemeinsamen Namen bestimmen, wobei die Erklärung während der Begründung der Lebenspartnerschaft gegenüber dem Standesamt angegeben
werden muss. Erfolgt die Erklärung später, muss
dies öffentlich beglaubigt werden. Möglich ist ein
gemeinsamer Nachname oder ein Doppelname,
dies aber nur, wenn der Nachname nicht aus
mehreren Namen besteht. Wenn die Partnerschaft
beendet wird, kann der Lebenspartnerschaftsname
beibehalten oder der Geburtsname wieder angenommen werden.

Um eine Lebenspartnerschaft zu begründen, müssen beide Partner persönlich und zur gleichen Zeit
vor dem Standesbeamten erscheinen. Es dürfte
den wenigsten bekannt sein, aber die ersten Paare
hatten ihre Lebenspartnerschaft dort begründet,
wo Menschen normalerweise ihre Autos an- oder
ummelden: auf der Autozulassungsstelle. Das klingt
kein bisschen romantisch. War es auch nicht. Aber
es war die einzige vorgegebene Möglichkeit, die
sich Homosexuellen zu der Zeit tatsächlich bot, um
sich zu verpartnern.

Die Lebenspartnerschaft war von 2001 bis 2011 gegenüber der heterosexuellen Ehe steuerrechtlich bei der Einkommenssteuer schlechter gestellt, soll heißen, dass es kein Ehegattensplitting und auch kein Steuerklassenwahlrecht gab. Homosexuelle Paare konnten lediglich Vorsorgeaufwendungen als Sonderausgaben sowie Unterhaltsleistungen als außergewöhnliche Belastungen bis zu einer Höhe von 8.004,00 Euro geltend machen, soweit ab 2013 keine einkommensteuerliche Zusammenveranlagung der Partner gewählt war. Ab Juni 2013 waren Lebenspartnerschaften der Ehe gleichgestellt. Vorausgegangen war hier ein Urteil des Bundesverfassungsgerichts.

Auch in anderen Bereichen wurden Lebenspartnerschaften der Ehe angepasst. Ab 01.01.2011 wurde auch bei der Schenkungs- und Erbschaftssteuer sowie der Grunderwerbsteuer nachgezogen. Der Freibetrag und der Versorgungsfreibetrag wurden gleichgestellt, auch die Grunderwerbsteuer musste nicht bezahlt werden, wurde ein Grundstück durch Veräußerung oder von Todes wegen erworben.

Bei der Riester-Rente gab es ab 2014 keine Ungleichbehandlung mehr. Möglich wurde dies durch die Anerkennung von Lebenspartnern als Hinterbliebene im Altersvorsorgeverträge-Zertifizierungsgesetz (AltZertG). Somit war die mittelbare Zulagenberechtigung beim Lebenspartner möglich. Gleiches galt für die Wohnungsbauprämie, bei dem das Vermögen des Partners angerechnet wird.

Im familiären Bereich, also bei Kindergeld, Adoption und Sorgerecht, sollten Angleichungen zu heterosexuellen Paaren erfolgen. So zum Beispiel das Kindergeld, das seit 2014 auch dem Lebenspartner zustand.

Auch das Sorgerecht wurde angepasst und in § 9 des LPartG festgeschrieben. Neben dem leiblichen Elternteil konnte nun auch der Partner im Einvernehmen bei der Erziehung des Kindes mitentscheiden. Dieser Paragraf war sozusagen das Pendant zum § 1629 des BGB. Der Lebenspartner hatte auch die Berechtigung, bei Gefahr im Verzug alle Rechtshandlungen zu ergreifen, die zum Wohl des Kindes notwendig sind. Das Kind konnte auch den Lebenspartnerschaftsnamen annehmen, sofern es im gemeinsamen Haushalt lebte. Hierfür war eine Erklärung gegenüber dem Standesamt erforderlich – dies entspricht im Bürgerlichen Gesetzbuch dem § 1618 Satz 2 bis 6. Möglich war es dem Lebenspartner auch, das Kind seines Lebenspartners (allein) anzunehmen.

Der Partner konnte das leibliche Kind (Stiefkindadoption) des Lebenspartners adoptieren (vgl. § 9 Abs. 7 LPartG). Möchte ein Partner alleine ein Kind adoptieren, bedarf es der Zustimmung des anderen Partners.

Seit dem 05.08.2016 konnten verpartnerte Homosexuelle gemeinsam als Pflegeeltern die Vormundschaft für Kinder ausüben.

Auch im Sozialrecht, was beispielsweise Arbeitslosengeld, Wohngeld, Elterngeld und Sozialversicherung umfasst, sind Lebenspartner seit Mai 2011 heterosexuellen Ehepaaren gleichgestellt. Auch bei der gesetzlichen Krankenversicherung greift die Familienversicherung.

Mit Wirkung zum 01.01.2005 haben nach dem Lebenspartnerschaftsgesetz eingetragene Lebenspartner die gleichen Rentenansprüche wie heterosexuelle verheiratete Paare. Die Hinterbliebenenrente sichert nun auch den überlebenden Lebenspartner ab. Das Erbrecht ist in Deutschland dem von Ehegatten nach § 10 LPartG gleichgestellt. Verstirbt ein Partner, ist der Hinterbliebene der gesetzliche Erbe und hat gegebenenfalls einen Pflichtteilsanspruch, soweit der Erblasser ihn testamentarisch enterbt, also die Hälfte des gesetzlichen Erbteils. Haben die Lebenspartner in einer Zugewinngemeinschaft gelebt, so steigt der gesetzliche Erbteil von einem Viertel um ein weiteres Viertel. Möglich ist auch ein gemeinschaftliches Testament, in dem sich beide Partner gegenseitig als Erben einsetzen, auch Berliner Testament genannt. Nach § 15 Erbschaftssteuerrecht hatten eingetragene Lebenspartner einen Steuerfreibetrag in Höhe von 500.000 Euro, die Ehegatten auch. Zusätzlich hierzu erhielt der überlebende Partner auch einen besonderen Versorgungsfreibetrag, der sich auf 256.000 Euro belief. Wenn eine Immobilie im Nachlass vorhanden war, musste keine Erbschaftssteuer bezahlt werden, sofern sie weiterhin selbst mindestens 10 Jahre genutzt wurde. Auch bei Eigentumsumschreibung eines Grundstücks im Grundbuch bei Ableben des Partners war keine Grunderwerbsteuer fällig. Schenkungen sind steuerfrei, sofern sie alle 10 Jahre erfolgen.

Bei der Bestattung verhält es sich wie bei einem Ehepartner auch: der hinterbliebene Lebenspartner muss sich, wie im Bestattungsrecht geregelt, um die Bestattung des verstorbenen Lebenspartners kümmern.

Wer die Verpartnerung und deren rechtliche Gleichstellung thematisiert, der muss sich auch mit dem Scheitern einer solchen eingetragenen Lebenspartnerschaft beschäftigen und dies regeln. Die Aufhebung einer Lebenspartnerschaft und der Unterhalt sind in § 103 des Gesetzes über

das Verfahren in Familiensachen der freiwilligen Gerichtsbarkeit (FamFG) geregelt, sofern einer der Partner Deutscher ist oder seinen gewöhnlichen Aufenthaltsort in Deutschland hat. Bis Januar 2005 bedurfte es einer öffentlich beurkundeten Erklärung eines beziehungsweise beider Lebenspartner, dass die Lebenspartnerschaft nicht fortgeführt werden soll und einer Frist von einvernehmlich 12 Monaten oder drei Jahren bei einseitiger Erklärung, außer die Fortführung der Lebenspartnerschaft wurde als eine unzumutbare Härte angesehen. Seit Januar 2005 gelten die gleichen Voraussetzungen zur Aufhebung wie bei einer Scheidung. Auch der Anspruch auf Unterhalt oder der Zugewinn- und Versorgungsausgleich nach Aufhebung der Lebenspartnerschaft ist nun heterosexuellen Ehen gleichgestellt.

Seit dem 01.10.2017 gilt endlich die Ehe für alle. So sind heterosexuelle und homosexuelle Menschen wirklich gleichgestellt. Im nachfolgenden Kapitel erfährst Du, wie man eine Lebenspartnerschaft in eine Ehe umwandeln kann. Danach werde ich auf die Ehe für alle eingehen.

LPartG

Das Lebenspartnerschaftsgesetz

Umwandlung Partnerschaft in Ehe

Der 01.10.2017 war ein historischer Tag für Homosexuelle. Es war der Tag, an dem die Ehe für alle in kraft trat. Homosexuelle konnten nun ebenfalls rechtlich anerkannt heiraten, wie heterosexuelle Paare. Auch Homosexuelle durften nun von sich sagen, verheiratet zu sein und nicht, was einem immerwährenden Coming-out gleichkommt, sagen zu müssen, verpartnert zu sein. Die Ehe für alle löste die Lebenspartnerschaft ab, es konnten keine neuen eingetragen werden. Dieses Thema werde ich im nachfolgenden Kapitel noch näher erklären und auch auf meine Hochzeit eingehen. Dieses Kapitel beschäftigt sich ausschließlich mit der Umwandlung einer Lebenspartnerschaft in eine Ehe.

Eine Umwandlung der Lebenspartnerschaft war erstrebenswert, da somit auch gleichgeschlechtliche Paare endlich dieselben Rechte wie heterosexuelle Paare erlangten. Das hatte vor allem im steuerrechtlichen Bereich große Auswirkungen. Ausschlaggebend für die Rechte und Pflichten blieb auch nach der Umwandlung in eine Ehe der Tag der Begründung der Lebenspartnerschaft, als ob die Partner am Tag der Begründung geheiratet hätten. Diese Bestimmung war insofern wichtig, dass die Ungleichbehandlung eingetragener Lebenspartner(innen) zu Ehemenschen rückwirkend beseitigt wurden: bestimmte sozial- und steuerrechtliche Vergünstigungen konnten nachträglich beansprucht werden.

Wurde ein Lebenspartnerschaftsvertrag abgeschlossen, galt er als Ehevertrag fort.

Standesämter sollten die Umwandlung in eine Ehe wie eine zweite Eheschließung handhaben, was gleichgeschlechtlichen Paaren die Möglichkeit er-

öffnete, normal heiraten zu können. Angemessen, und nicht bei der KfZ-Zulassungsstelle, die nicht annähernd einem Standesamt gleichkommt.

Anfangs gab es widersprüchliche Meinungen, welche Gebühren bei der Umwandlung der Lebenspartnerschaft in eine Ehe in Rechnung gestellt werden sollten. Die Benachteiligung von Lebenspartnern sollte durch die Ehe für alle rückwirkend beseitigt werden, also wäre es unfair gewesen, hierfür nochmals Gebühren zu verlangen. Schnell einigte man sich darauf, dass für die Umwandlung keine Gebühren erhoben werden sollen. Die Lebenspartner sollten nur die benötigten Unterlagen bezahlen.

Wie wird eine Lebenspartnerschaft in eine Ehe umgewandelt? Welche Voraussetzungen müssen erfüllt sein, welche Dokumente vorgelegt werden?

Beide Partner müssen die von ihnen angestrebte Umwandlung ihrer Lebenspartnerschaft in eine Ehe bei dem Standesamt anmelden, in dessen Zuständigkeitsbereich einer der Lebenspartner seinen Wohnsitz oder gewöhnlichen Aufenthalt hat. Liegt dieser bei keinem der beiden Partner in Deutschland, kann sie bei jedem beliebigen Standesamt angemeldet werden. Eine Prüfung der Ehevoraussetzungen nach § 13 PStG (Personenstandsgesetz) entfällt, wenn dies schon vor der Begründung der Lebenspartnerschaft geschehen ist. Das gilt auch für den Nachweis der Auflösung bisheriger Ehen oder Lebenspartnerschaften. Die Umwandlung muss nicht bei dem Standesamt erfolgen, bei dem man gemeldet ist. Die vollständigen und geprüften Unterlagen werden an das Standesamt übersendet, bei dem die Umwandlung vorgenommen werden soll.

Vorzulegen sind folgende Unterlagen:

- ein gültiger Reisepass oder ein gültiger Personalausweis,

- eine Bescheinigung der Meldebehörde mit Vorname, Familienname, Familienstand, Wohnort und Staatsangehörigkeit. Sie darf maximal 14 Tage alt sein,

- eine Geburtsurkunde, ein beglaubigter Ausdruck aus dem Geburtenregister oder eine beglaubigte Abschrift aus dem Geburtenbuch, die allesamt nicht älter als sechs Monate sein dürfen,

- sofern die Lebenspartnerschaft nicht bei dem Standesamt begründet wurde, bei dem nun die Umwandlung in eine Ehe erfolgen soll, auch eine Lebenspartnerschaftsurkunde.

Die Umwandlung der Lebenspartnerschaft kann nur erfolgen, wenn beide Partner persönlich und gleichzeitig beim Standesamt erklären, dass sie miteinander eine Ehe auf Lebenszeit führen wollen.

Der Lebenspartnerschaftsname, den die Lebenspartner führen, bleibt nach der Umwandlung in eine Ehe bestehen, was vom Standesbeamten in der Niederschrift über die Umwandlung vermerkt und auch ins Eheregister übernommen wird. Sollten die Partner zum Zeitpunkt der Umwandlung keinen Lebenspartnerschaftsnamen führen, können sie einen Ehenamen bestimmen.

In der Eheurkunde und im Eheregister erfolgt der Eintrag als Ehegatten und nicht, wie bei heterosexuellen Paaren, als Ehemann und Ehefrau.

Der Leittext in den Eheurkunden wurde dahingehend neutralisiert. Bei Umwandlung wird in der Eheurkunde unter „Weitere Angaben aus dem Register" vermerkt, dass es eine Eheschließung nach § 17a PStG bei bestehender Lebenspartnerschaft ist und auch das Datum der Begründung der Lebenspartnerschaft, dem Standesamt sowie der Eintragungsnummer mitsamt dem Jahr der Erstbeurkundung. Somit kann das Datum der Begründung der Lebenspartnerschaft als Eheschließungsdatum geltend gemacht werden.

Lebenspartnerschaften müssen in keine Ehe mehr umgewandelt werden, da sie in vielen Aspekten angeglichen wurden. Jedoch gibt es beim Thema Adoption noch einen großen Unterschied: Partner in einer Ehe können ein Kind gemeinschaftlich adoptieren. Lebenspartner können das nur nacheinander tun. Hier soll in den nächsten Jahren noch nachgebessert werden.

Ehe
Lebensgemeinschaft

Die Homo-Ehe

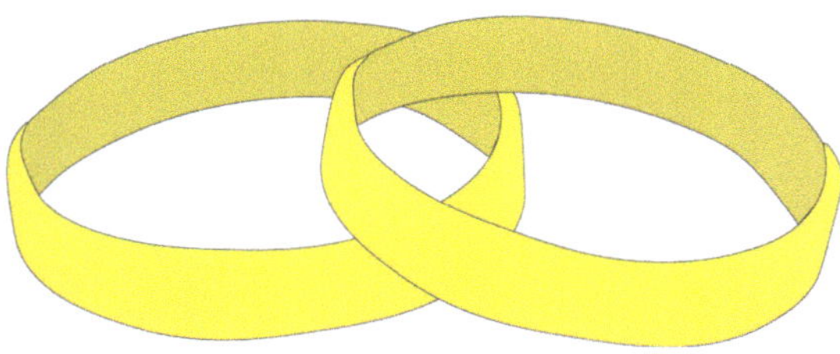

Der Weg zur Gleichstellung von Homosexuellen war lang und schwer. Mit dem 01.10.2017 wurde nun endlich einer der wichtigsten Punkte abgehakt, um hier endlich rechtlich eine wirkliche einheitliche Augenhöhe zu schaffen. Rechtlich und sozial standen heterosexuelle und homosexuelle Paare nun auf einer Stufe, auch wenn im Bereich Kinder tatsächlich noch ein wenig nachgebessert werden muss. Der 01.10.2017 war der Tag, der in der LGBTQ*-Community groß gefeiert wurde.

Durch eine kleine Anpassung im Bürgerlichen Gesetzbuch (BGB) wurde die Ehe für alle rechtspflichtig. Bisher lautete es: „Die Ehe wird auf Lebenszeit geschlossen." Ergänzt durch sieben Worte lautet der Paragraf nun: „Die Ehe wird von zwei Personen verschiedenen oder gleichen Geschlechts auf Lebenszeit geschlossen."

Wie schon im vorstehenden Kapitel erwähnt, konnte eine eingetragene Lebenspartnerschaft in eine Ehe umgewandelt werden, wobei für die Ehe der Tag der Eintragung der Lebenspartnerschaft ausschlaggebend war. Er galt als Tag der Eheschließung. Auch wenn Partner im Ausland bereits geheiratet hatten, konnten sie noch einmal in Deutschland heiraten. Das mag mitunter daran liegen, dass die Partner „nur" im Ausland geheiratet hatten, da es in Deutschland vorher keine gleichgeschlechtliche Ehe gab und nun das Deutsche Recht zum Zuge kommen soll, da bei Ehen das Recht des Staates anzuwenden ist, in dem die Eheleute geheiratet haben.

Voraussetzung für eine Ehe sind Volljährigkeit und Geschäftsfähigkeit. Ausgeschlossen sind Verwandtschaften in gerader Linie sowie unter Geschwistern und Stiefgeschwistern. Wie bei heterosexuellen Paaren ist auch bei Homosexuellen das Standes-

amt zuständig, in dessen Zuständigkeitsbereich einer der Partner seinen Wohnsitz oder aktuellen Aufenthalt hat. Liegt dieser nicht in Deutschland, kann man seine Eheschließung bei jedem beliebigen Standesamt anmelden. Beide Partner müssen persönlich und gemeinsam erklären, dass sie heiraten wollen. Bei Verhinderung eines Partners kann der erscheinende Partner schriftlich bevollmächtigt werden. Können beide Partner nicht persönlich beim Standesamt vorsprechen, müssen sie dies schriftlich oder durch einen Bevollmächtigten tun, was sie später persönlich bestätigen müssen. Die Ehe muss nicht bei dem Standesamt der Anmeldung erfolgen; das ausgewählte Standesamt erhält nach Prüfung der Ehevoraussetzungen des Anmeldestandesamtes eine Mitteilung, die sechs Monate lang verbindlich ist.

Der Ausdruck „Ehe für alle" (mariage pour tous) stammt von François Hollande. Die Öffnung der Ehe war sein Wahlversprechen bei der französischen Präsidentschaftswahl 2012. Der Begriff hat sich auch außerhalb Frankreichs etabliert.

Oft spricht man bei der gleichgeschlechtlichen Ehe auch von der Homo-Ehe, der lesbischen, schwulen oder homosexuellen Ehe. Alle Begriffe, die schon beim Benutzen die Betroffenen immer wieder outen. Ehe für alle ist hier schon besser, da sie nicht kennzeichnet, ob das Brautpaar hetero- oder homosexuell ist.

Papiere, Unterlagen

Wie bei der heterosexuellen Ehe auch, muss die Identität beider Partner, deren Namensführung, Familienstand und ihr Wohnsitz für die Zuständigkeit nachgewiesen werden. Alle Urkunden müssen im Original vorgelegt werden und dürfen nicht älter als sechs Monate sein. Ausnahme ist die Be-

scheinigung der Meldebehörde, die nicht älter als
14 Tage sein darf. Ausländische Urkunden müssen
mit einer beglaubigten Übersetzung eines in
Deutschland zugelassenen Übersetzers vorgelegt
werden. Man sollte auf jeden Fall nachfragen,
ob der Übersetzer dieses Kriterium erfüllt, um auf
Nummer sicher zu gehen.

Welche Unterlagen und Papiere werden bei der Anmeldung zur Eheschließung benötigt?

- Ein gültiger Reisepass oder Personalausweis
  oder ein sonstiger mit Lichtbild versehener
  amtlicher Ausweis. Bei Ausländern muss
  die Staatsangehörigkeit durch eine Bescheinigung der zuständigen Behörde des Heimat-
  landes nachgewiesen werden, wenn sie aus
  dem Ausweispapier nicht hervorgeht.

- Sind die Partner im Inland gemeldet, eine
  Aufenthaltsbescheinigung der Melde-
  behörde, mit Angabe der Staatsangehörig-
  keit, Familienstand und Wohnsitz, außer das
  Anmeldestandesamt ist gleichzeitig das des
  Wohnsitzes.

- Ein beglaubigter Ausdruck aus dem Geburtenregister (Geburtsurkunde ist nicht
  ausreichend).

- War ein Partner schon einmal verheiratet
  oder verpartnert, muss man auch die frühere
  Eheurkunde beziehungsweise Lebenspartnerschaftsurkunde mit Auflösungsvermerk vorlegen. Fehlt der Eintrag der Auflösung, muss
  zusätzlich das Auflösungsurteil mit Rechtsver-
  merk vorgelegt werden.

- Ist ein Partner verwitwet, muss die Sterbeurkunde beigebracht werden.

- Bei ausländischen Partnern muss, wurden
  frühere Ehen oder Lebenspartnerschaften
  nicht in Deutschland geschlossen, auch deren
  Auflösung nachgewiesen werden.

- Von beiden Partnern muss ein Ehefähigkeitszeugnis beziehungsweise eine Ledigkeitsbescheinigung vorliegen.

Da eine gleichgeschlechtliche Ehe nicht in jedem
Land anerkannt ist, kann es gelegentlich Probleme
bei der Beschaffung von einzelnen Dokumenten
geben. Dies kann beispielsweise der Fall sein,
wenn das Heimatland eines Partners die Ledigkeitsbescheinigung nur ausstellt, wenn der Name
des/der Verlobten angegeben werden muss.
Oft weigern sich ausländische Behörden dann,
eine Ledigkeitsbescheinigung auszustellen. Der
Betroffene kann bei der Standesbeamtin oder
dem Standesbeamten anfragen, ob ihr/ihm
die Abgabe einer eidesstattlichen Versicherung
genügt (vgl. § 9 Abs. 2 PStG). Wer nicht genau
weiß, welche Papiere oder Unterlagen er konkret
benötigt, kann beim Standesamt oder bei seinem
Konsulat nachfragen.

Gebühren

Die Gebühren liegen bei 50 bis 150 Euro. Weitere
Kosten können entstehen, wenn ein Partner Ausländer ist und weitere Unterlagen besorgt werden
müssen und wenn man an Tagen außerhalb der
Dienstzeiten der Standesämter heiraten möchte.

Eheschließung

Beide Partner müssen bei gleichzeitiger Anwesenheit persönlich vor dem Standesbeamten erklären,
dass sie die Ehe miteinander eingehen wollen.
Kraft Gesetzes sind die Partner rechtmäßig ver-
bundene Eheleute, wenn sie die Eheschließung vor
dem Standesbeamten bejaht haben. Trauzeugen

sind nicht zwingend nötig. Wie die Zeremonie ablaufen soll, kann mit dem Standesbeamten abgesprochen werden, sie ist frei gestaltbar.

Warum so wichtig?

Aber warum war und ist es gleichgeschlechtlichen Paaren so wichtig, denselben Stand zu haben, wie es heterosexuelle Paare schon immer haben?

Absicherung des Partners ist der wichtigste Punkt, gefolgt vom Thema Kind und Adoption. Durch die Ehe für alle öffnete sich nun auch die Anpassung in der Steuerklasse. Bisher war dies nur heterosexuellen Paaren vorbehalten. Homosexuelle Paare hatten keine Chance, Steuervorteile zu erhalten, auch wenn ihr gemeinsames Leben schon über Jahre oder Jahrzehnte hinweg bestand hatte. Begründet wurde dies immer unter dem Aspekt, dass heterosexuelle Paare Vorteile benötigen, um eine Familie versorgen zu können. Doch wie viele Paare kennt man, die ohne Kinder leben?

Kurze Übersicht

- Ehegattensplitting und gemeinsame Veranlagung, diese hatte es schon ab 2013 auch für eingetragene Lebenspartnerschaften gegeben;

- Änderung der Steuerklasse; ab dem Monat der Eheschließung erhalten die Ehepartner automatisch die Steuerklasse IV, dies kann aber auf Antrag geändert werden;

- es gibt ein gemeinsames Freistellungsvolumen bei Kapitalerträgen;

- Gewährung von Wohnungsbauprämien;

- Kindergeldzahlungen;

- kostenlose Mitversicherung in der gesetzlichen Krankenkasse, Familienversicherung;

- Vereinheitlichung von steuerlichen Freibeträgen, zum Beispiel Steuerfreiheit bis zu einem Betrag von 500.000 Euro bei Schenkung. Bisher war dieser Betrag bei eingetragenen Lebenspartnerschaften um einiges geringer;

- Steuervorteile im Erbschaftsfall;

- Gemeinsame Adoption von Kindern. Bisher war dies nur über eine Sukzessiv-Adoption möglich, wobei zuerst ein Partner das Kind adoptiert und dann erst der andere Partner ebenfalls adoptieren kann.

Elternzeit, Elterngeld

Mit der Ehe für alle haben gleichgeschlechtliche Paare nun auch bei der Elternzeit dieselben Rechte und Pflichten wie ihre heterosexuellen Pendants.

Insgesamt stehen Müttern und Vätern nach der Geburt 14 Monate Elterngeld zu, frei untereinander aufteilbar. Ein Elternteil kann mindestens zwei und höchstens 12 Monate für sich in Anspruch nehmen. Zusätzlich erhält man noch zwei Monate, wenn der andere und auch berufstätige Elternteil das Kind betreuen möchte. Das Elterngeld richtet sich nach dem Nettoeinkommen der letzten 12 Monate, gezahlt werden aber mindestens 300 Euro und höchstens 1.800 Euro monatlich (65 bis 67% des Nettoverdienstes). Wer möchte, kann, wenn das Kind ab dem 01.07.2015 zur Welt gekommen ist, das ElterngeldPlus beanspruchen, also doppelt so lange Elterngeld in höchstens halber Höhe des Basiselterngeldes (150 bis 900 Euro monatlich).

Hinterbliebenenrente

Schon bei der eingetragenen Lebenspartnerschaft galten ab dem 01.01.2005 die Begriffe
Witwe und Witwer. Verstirbt ein Partner, erhält
der Hinterbliebene eine Witwen- beziehungsweise Witwerrente, die man beim Rententräger
beantragen muss. Dies steht ihnen nach § 46 Abs.
4 SGB VI auch rechtlich zu. Bei Fragen können
Rechtsanwälte für Sozialrecht weiterhelfen. Man
erhält die Hinterbliebenenrente auch für den
Zeitraum während des Scheidungsprozesses oder
der Zeit, in der die Partner getrennt gelebt haben,
zumindest, wenn die Ehe noch nicht rechtskräftig
geschieden ist. Um eine Hinterbliebenenrente
zu erhalten, muss die Ehe mindestens ein Jahr
bestanden haben. Eine weitere Voraussetzung
für eine Hinterbliebenenrente ist auch, dass der/
die Verstorbene mindestens fünf Jahre in die
Gesetzliche Rentenversicherung eingezahlt hat,
wobei hier neben sozialversicherungspflichtiger
Beschäftigung auch Erziehungszeit, Zivildienst
oder Wehrdienst mit angerechnet werden.

Für drei Monate erhält der Hinterbliebene die
volle Rente des Verstorbenen. Im Anschluss folgen
Zahlungen, die sich nach der großen oder kleinen
Hinterbliebenenrente richten. Die große Hinterbliebenenrente erhält man, wenn man über 45
Jahre und fünf Monate alt ist (bis 2029: 47 Jahre),
wenn man erwerbsgemindert ist oder ein minder-
jähriges Kind betreut, gelegentlich auch wenn
man Stief-, Pflege-, Enkelkinder oder Geschwister
betreut. Wer vor dem Jahr 2002 geheiratet hat
oder wenn die Partner vor dem 02.01.1962 geboren wurden, erhält der Hinterbliebene 60% des
Rentenanspruchs des Verstorbenen, bei Ehen nach
dem 01.01.2002 noch 55%. Die große Hinterbliebenenrente wird unbegrenzt ausgezahlt.

Die kleine Hinterbliebenenrente ist zeitlich be-
grenzt, in der Regel nur auf zwei Jahre nach dem
Tod des Partners. Wenn die Ehe jedoch auch vor
dem Jahr 2002 geschlossen wurde oder wer vor
1962 geboren wurde, erhält diese lebenslang.
Die kleine Hinterbliebenenrente liegt bei 25% der
Rentenansprüche des Verstorbenen.

Bei der Hinterbliebenenrente gibt es auch einen
Kinderzuschlag. Ich kann zu deren Höhe keine
Angaben machen, da sie in den alten und neuen
Bundesländern unterschiedlich hoch sind und sich
auch danach richten, ob es sich um eine große
oder kleine Hinterbliebenenrente handelt. Wissen
sollte man auch, dass die Hinterbliebenenrente
zu 40% auf das Einkommen des Hinterbliebenen
angerechnet werden. Nähere Informationen gibt
es beim Rententräger.

Wer erneut heiratet sollte wissen, dass er dadurch
den Anspruch auf die Hinterbliebenenrente ver-
liert. Man kann einen Antrag auf Rentenabfindung
stellen, womit man zwei Jahresbeiträge der Hinterbliebenenrente bekommt, die man im vorange-
gangenen Jahr erhalten hat.

Unser Weg zur Ehe

Natürlich lasse ich es mir nicht nehmen, Euch auch einen Einblick in unsere Geschichte und Hochzeit zu geben. Warum ich erst im Kapitel Ehe ansetze und nicht schon ein wenig früher, beispielsweise bei eingetragener Lebenspartnerschaft? Das kann ich gerne kurz erklären. Wir wussten schon recht früh, dass wir zueinander gehören. Aber die eingetragene Lebenspartnerschaft stand für uns nicht auf der To Do-Liste, da sie einen nach außen hin immer wieder outete und auch nicht dieselben Rechte bot, die eine Ehe mit sich bringt. Hier wollten wir warten, bis es eine Gleichstellung zur heterosexuellen Ehe gibt. Hätte es keine Ehe für alle gegeben, würden wir auch heute noch in wilder Ehe zusammenleben.

Klar, dass wir uns sehr über die gesetzliche Verankerung der Ehe für alle freuten. So konnten wir nun endlich auch „normal" nach außen hin als eine Einheit auftreten, ohne täglich immer wieder diskriminiert zu werden. Sieben Worte, die in § 1353 BGB ergänzt wurden, hatten dies ermöglicht: „Die Ehe wird **von zwei Personen verschiedenen oder gleichen Geschlechts** auf Lebenszeit geschlossen."

Zur Vorbereitung gehörte in erster Linie, sich zu erkundigen, welche Urkunden zusammengetragen werden müssen, um heiraten zu dürfen. Also hatten wir erst einmal überlegt, auf welchem Standesamt geheiratet werden soll. Romantisch wäre sicherlich der Bodensee gewesen. Aber da ich aus Schwäbisch Hall komme, Sandra aus Stuttgart, kamen doch eher diese beiden Standesämter in Frage. Letztlich wurde es das Standesamt Stuttgart, weil wir hier auch wohnen. Schnell hatten wir einen Termin festgemacht. Der 22.11.2018. Ein schönes Datum, zumal die 11 mal zwei genommen 22 ergibt.

Wir hatten erfahren, dass wir folgende Unterlagen benötigen, da Sandra Kroatin ist:

- Reisepass, Meldebestätigung,

- die internationale Geburtsurkunde (nicht älter als 6 Monate),

- Auszug aus dem Geburtenregister / Izvod iz matične knjige rođenih,

- Ehefähigkeitszeugnis mit Apostille (übersetzt und aktuell),

- Bescheinigung über freien Ehestand / Potvrda o slobodnom bračnom stanju,

- die Unterlagen erhält man in dem Standesamt, in dem man in Kroatien gemeldet ist.

Wir hatten im Sommer 2018 alle Papiere während unseres Sommerurlaubs in Kroatien zusammengetragen. Wir steuerten zuerst das Standesamt in Karlovac an, wo Sandra gemeldet ist. Hier erhielten wir die internationale Geburtsurkunde sowie einen Auszug aus dem Geburtenregister und auch ein Ehefähigkeitszeugnis (Bescheinigung über freien Ehestand). Als nächstes gingen wir zum Gericht in Karlovac, dort wurde alles beglaubigt, was insgesamt 30 Euro kostete. Die Wartezeit vertrieben wir uns durch Stadterkundung.

Nach diesem Pflichtteil fuhren wir von Karlovac nach Pag, denn dort hatten wir vier Wochen Urlaub geplant. Wir mussten die Übersetzungen in Zadar vornehmen lassen, da es nur dort vereidigte und zugelassene Übersetzer gibt, die auch in Deutschland anerkannt sind. Naturgemäß dauert so eine Übersetzung ein wenig. Wir mussten eine Woche warten, bis wir die übersetzten Unterlagen abholen konnten. Das kostete nochmals knapp 120 Euro. Hier sollte man immer darauf achten, vereidigte Übersetzer zu nehmen, sie sind ein wenig teurer, aber ihre Übersetzungen sind auf jeden Fall anerkannt. Es folgten einige schöne Urlaubstage am Meer.

Zurück in Deutschland mussten wir noch die Geburtsurkunden besorgen, weshalb wir zuerst nach Schwäbisch Hall fuhren und anschließend nach Stuttgart, wo wir auch gleichzeitig unsere Ehe anmeldeten. Unseren Wunschtermin hatten wir Gott sei Dank auch bekommen.

Nun ging es an die Planung, wie unser besonderer Tag verlaufen soll. Was würden wir tragen? Wie sollten die Haare gestylt, das Make-Up sein? Wir hatten unsere Vorstellungen bereits im Kopf. Haare: hochgesteckt, mit Locken. Das Make-Up: Smokey Eyes, leicht verrucht, wunderschön, leicht dezent, nicht zu viel. Was anziehen? Angelehnt an Tanjas Vorliebe zu Dirndl, wählten wir diese als Hochzeitskleider. Internetrecherche, Suchen in Läden. In der Stuttgarter City wurden wir fündig. Es gab auch noch Schuhe in passender Farbe.

Bei den Ringen hatten wir ein bisschen länger gesucht, bis wir die zu uns passenden Ehesymbole gefunden hatten. Sie sollten, ganz traditionell, Gold sein, auch wenn Sandra mitunter Platin interessant fand. Aber traditionell fanden wir beide letztlich doch besser. Eine Gravur sollte auf jeden Fall auch noch in die Innenseite der Ringe: unsere Namen und das Datum der Eheschließung.

Am Ende hatten wir uns noch mit unserer Friseuse abgestimmt, persönlich bei ihr vor Ort. Es wurde besprochen, wie genau unsere Haare hochgesteckt werden sollen, ob wir beide den gleichen Stil wollen oder doch ein wenig anders nuanciert. Natürlich auch das Make-Up. Im Nachgang gingen wir noch zum Floristen, um uns zwei Brautsträuße zeigen zu lassen, die farblich zum Dirndl und dem Styling passen. Wir hatten alles schon am Tag der Abstimmung bezahlt, so dass der besondere Tag flüssig verlaufen konnte.

Ich hatte es mir zur Aufgabe gemacht, einen Fotografen auszusuchen. Dies überlies Sandra mir mehr als gerne. Als gelernte Grafik- und Kommunikationsdesignerin habe ich ein geübtes Auge hierfür. Den Fotografen hatten wir persönlich besucht, um den Tagesablauf unserer Trauung abzustimmen. Auch das folgende Brautpaar-Shooting am Schloss Solitude wurde besprochen. Wie lange wir seine Dienste in Anspruch nehmen wollten, welche Fotos für uns wichtig sind.

Die nächsten Tage verbrachten wir mit weiterer Planung. Sandra kümmerte sich hier auch um unsere kurze Hochzeitsreise, die leider nur über ein Wochenende dauern sollte, da ich noch eine Klausur schreiben musste, und zwar genau am Tag nach unserer Hochzeit. Sandra hatte nicht zu viel verraten, da sie mich überraschen wollte. Sie hatte nur gesagt, dass wir nach Paris fahren würden. Der Ort, an dem ich auch schon meinen 30. Geburtstag mit Sandra hatte feiern dürfen.

Endlich kam unser großer Tag. Wir waren schon sehr nervös am Vorabend gewesen, zumal ich auch noch für meine wichtige Klausur lernen musste. Unsere Koffer waren schon gepackt mit unseren Dirndln, als wir morgens aufbrachen zum Friseur. Dort gab es Kaffee zum Wachwerden. Nacheinander wurden wir aufgehübscht: Schminken, anschließend die Hochsteckfrisur. Danach zogen wir uns die Dirndl an und legten noch kurz Hand an für den letzten Feinschliff. Jetzt mussten nur noch unsere Koffer mit der Alltagskleidung bepackt und die Blumensträuße abgeholt werden. Dann gingen wir in Richtung Standesamt Stuttgart, wo wir uns mit unserem Hochzeitsfotografen verabredet hatten.

Er war pünktlich. Da der 22.11.2018 ein Mittwoch war, also mitten in der Woche, hatten wir für die Eheschließung im Standesamt niemanden geladen. Ein Tag zu zweit. Mit Fotograf. Die Feierlichkeiten mit der Familie sollten später folgen, zu einem günstigeren Zeitpunkt. Es war genau so, wie wir uns den Tag gewünscht und vorgestellt hatten. Wir hatten oben im Standesamt Gelegenheiten, Fotos von uns machen zu lassen und unserer Standesbeamtin die Ringe und unseren Musikwunsch zu übergeben, der abgespielt werden sollte, als wir uns das Ja-Wort gaben.

Wir mussten nicht lange warten, bis wir in das Trauzimmer durften. Auch hier wurden gleich einige Bilder gemacht, bevor es losging. Die Standesbeamtin hieß uns herzlich willkommen und verlas unsere kleine Geschichte, an deren Ende die allesentscheidende Frage stand, ob wir heiraten wollen. Aufgeregt hatten wir die ganze Zeit über Händchen gehalten. Glücklich hatten wir uns immer wieder angelächelt und angestrahlt. Endlich war es soweit: wir durften Ja sagen und wurden zu Frau und Frau erklärt. Ein Kuss als Frischvermählte und dann unser Song: „Zayn ft. Sia, Dusk Till Dawn". Im Anschluss gönnten wir uns noch alkoholfreien Sekt und machten uns auf den Weg zum Brautpaarshooting.

Jedes andere Brautpaar startet die Ehe garantiert anders: aber unser Weg führte uns nach dem Standesamt erst einmal direkt zu einem Schuhladen. Ich hatte die ganze Zeit über schon starke Fußschmerzen, da meine Hochzeitsschuhe sehr

ungemütlich waren. Die Teile musste ich unbedingt loswerden und durch bequemere ersetzen. Unser Fotograf war schon aufgebrochen zum Shooting-Ort. Als meine frischgebackene Frau und ich aufgebrezelt in den Schuhladen liefen, staunte das Personal nicht schlecht. Sie hatten so etwas noch nicht erlebt, freuten sich aber über die Abwechslung. Die Verkäufer hatten auch gefragt, ob wir noch letzte Besorgungen für ein Mode-Shooting machen würden. Wir sahen uns an und mussten schmunzeln. Nein. Wir gaben uns als frischvermähltes Paar zu erkennen und ernteten viel Lob für unser Outfit. Es wäre ungewöhnlich, dass Menschen nach der Trauung Schuhe kaufen würden. Es war mal was anderes. Wir mussten alle herzhaft lachen. Brautpaar und Personal. Bewaffnet mit unseren Rollkoffern steuerten wir das Parkhaus an, in dem Horsy (Sandras Auto) stand, um anschießend zum Schloss Solitude zu fahren.

Obwohl wir schon fast Dezember hatten, war
es recht warm und sonnig. Hier meinte es das
Wetter gut mit uns. Wir trafen uns mit dem Fotografen und starteten das Fotoshooting. Es sollten
traditionell geschossene Fotos werden, wie man
sie überall schon gesehen hat – mit der Ausnahme, dass es zwei Bräute waren. Und dann auch
noch Fotos, die verspielt und ganz anders sind.
Das Shooting hatte sehr viel Spaß gemacht und
wir versuchten auch die unterschiedlichsten Fassa-
den des Schlosses und seiner Umgebung mit in die
Bilder einfließen zu lassen. Kurzum: wir hatten viel
Spaß und erhielten sehr viele prachtvolle, schöne
und einzigartige Fotos, was auch dem Können
des Fotografen zu verdanken war.

Nach dem Fotoshooting fuhren Sandra und ich
zum Schweinemuseum nach Stuttgart, wo wir
uns Kaffee und Kuchen gönnten. Es war eine
kleine Feier, zu zweit, da unser Hochzeitstag auf
einen Arbeitstag fiel, weswegen wir keine Gäste
geladen hatten. Bisher verlief alles wie geplant.
Es gab erstaunte und anerkennende Blicke, weil
wir so aufgetakelt waren. Wir machten zu zweit
weiter mit unserem Andenkenfotoshooting, um
festzuhalten, wo genau wir uns am Hochzeitstag
aufgehalten hatten. Das setzten wir auch beim
Abendessen fort. Hier hatte Sandra die Planung
übernommen und für uns einen Tisch im China
Palast reserviert, wo wir auch schon frühere
Jubiläen oder Geburtstage gefeiert hatten. Es
war ein romantischer Abend, den wir beide sehr
genossen. Die Hochzeitsnacht war kurz und atem-
beraubend schön.

Am nächsten Morgen hatten wir uns sehr früh
aufgemacht, das Auto auch schon mit den
Koffern vollgepackt und waren zu meiner Schule
gefahren, wo ich noch schnell vor dem Flitterwo-

chenende meine Klausur schrieb. Kurzer Zwischen-
stopp, um uns mit zwei großen Latte Macchiato
zu versorgen. Die Arbeit lief recht gut, obwohl ich
so wenig geschlafen hatte. Ich glaube, dass ich
so gut abschneiden konnte, da ich als Ziel Paris
vor Augen hatte. Meine Dozentin hatte ich schon
Tage vorher gefragt, ob ich früher gehen kann.
Als sie fragte, warum, staunte sie nicht schlecht, als
ich ihr sagte, dass ich heiraten wollte. Sie freute
sich und wunderte sich nur ein wenig, dass ich
die Arbeit schreiben wollte. Sandra hatte brav im
Auto auf mich gewartet. Direkt nach der Klausur
ging es ab auf die Autobahn.

Knapp 6 ½ Stunden fuhren wir Richtung Paris,
voller Vorfreude auf unser Honeymoon-Wochen-
ende. Wir alberten ein wenig herum, hielten hin
und wieder an, um uns die Beine zu vertreten und
die Gegend zu bewundern. Wir hatten schon
unterwegs viel Spaß. Paris liegt sehr zentral in
Frankreich, so dass man von der Landesgrenze
noch ein ganzes Stück fahren muss, bis man an-
kommt. Kurz vor dem Ziel gab es den typischen
Pariser Stau, auf der Boulevard périphérique (kurz
auch Périphérique genannt) wechselten die Autos
und unzähligen Roller wild zwischen allen Fahr-
spuren. Es ist schon eine Kunst, hier ohne Unfall
fahren zu können.

Wir wussten, welches Hotel wir anfahren mussten,
es war auch als Ziel in unserem Navigationsgerät
eingegeben. Aber irgendwie konnten wir das Hotel nicht direkt anfahren. Meliá Paris La Défense.
Ein Luxushotel im neuen und modernen Viertel
La Défense. Eigentlich nicht zu verfehlen. Unser
Problem bestand darin, dass uns das Navi zu früh
von der Périphérique gelotst hatte und wir uns
durch den Pariser Stadtverkehr kämpfen mussten.
Wir sahen das Hotel und steuerten auch

darauf zu. Nur konnten wir nicht in die Einfahrt des hoteleigenen Parkhauses fahren. Das Navi lotste uns immer wieder zum Parkhaus von ibis oder Hilton. Später wurde uns klar, warum wir die Einfahrt nicht fanden. Genau dieses Gebiet wird immer wieder modernisiert und um weitere Luxushotels oder Bürokomplexe erweitert. Das Navi hatte uns einfach von der falschen Seite ans Hotel fahren lassen, weshalb wir immer von unten darauf zufuhren und nicht von oben.

Als wir über eine Stunde vergebens versucht hatten, ins Parkhaus des Hotels zu gelangen, hatten wir im Hotel angerufen und nach einer Wegbeschreibung gefragt. Wir freuten uns sehr, dass ein Hotelmitarbeiter anbot, vor das Hotel zu kommen. Ich sollte vor das Hotel laufen, er würde dann mit zum Auto kommen und mit uns zusammen ins Parkhaus einfahren. Also parkten wir im ibis-Parkhaus, das gut erreichbar war. Sandra stieg aus und lief dem Pagen entgegen. Ich musste nicht zu lange warten, bis Sandra mit Begleitung wieder am Auto erschien. Der sehr nette und zuvorkommende Page erklärte in wirklich schlechtem Deutsch, aber äußerst charmant, dass er wisse, wie es mit dem Auto zum Parkhaus geht und setzte sich grinsend auf die Rückbank. Die Hoffnung war da, die letzten Meter trennten uns vom Hotel.

Naja. Fast. Als uns der Page um das Hotel herum lotste, wunderten wir uns schon ein wenig, weil im Rückspiegel das Hotel Meter um Meter immer kleiner wurde. Okay. Wir beruhigten uns damit, dass wahrscheinlich ein kleiner Bogen gefahren werden musste, um von der anderen Seite ans Hotel heranfahren zu können. Es war auch beruhigend, als wir uns dem Hotel wieder näherten. Aber nur, um festzustellen, dass wir falsch waren.

Wir mussten noch eine Runde drehen. Es ging auf die Périphérique, also wieder im Bogen um Paris herum? Wusste der Page eigentlich, was er da auf der Rückbank von sich gab? Wir amüsierten uns a) über das schlechte Deutsch des Pagen, b) über unser nicht perfektes Französisch, c) über die Ortsunkenntnis unseres Helfers auf der Rückbank und d) über die unzähligen Runden, die wir immer wieder drehten und weiter ausdehnten, bis wir sogar am Arc de Triomphe angekommen waren. Also sehr weit entfernt vom Hotel. Die Anweisungen unseres Lotsen waren eigentlich unschwer zu verstehen: Gauche (links) und droite (rechts).

Ein Ende fand unsere Irrfahrt durch Paris erst, als unser Wegweiser auf der Rückbank einen Anruf seiner Vorgesetzten erhielt. Offensichtlich hatte er die Frage gestellt bekommen, wo er denn abgeblieben sei und wann er endlich wieder im Hotel sein würde. Dieser Anruf hatte sein Gehirn zum Arbeiten gebracht und komischerweise fand er der Weg dann doch recht schnell. Sandra meinte, dass er es wohl sehr genossen hatte, nicht arbeiten zu müssen und uns für seine ausgedehnte Pause als Grund vorschieben zu können. Ein Wunder: wir fanden zügig die Einfahrt, konnten das Auto auch schnell in einer zuvor reservierten Parklücke abstellen und endlich in Gefolgschaft unserer Koffer und des Pagen die Anmeldung im Hotel ansteuern. Wow. Geschafft.

Wir wurden herzlichst willkommen geheißen und fuhren mit dem Fahrstuhl bis fast nach ganz oben. Ich staunte nicht schlecht, als ich sah, was Sandra gebucht hatte. Das Hotel besitzt insgesamt 19 Etagen. Sandra hatte das Zimmer „Level Premium mit Eifelturm View" gebucht. Eine Etage trennte uns von der Skyline-Bar in der 19. Etage. Eine wundervolle Aussicht auf Paris und den Eiffelturm.

Beim Betreten des Zimmers hatten wir das King-size-Doppelbett sofort im Blickfeld, auch die edel anmutende restliche Zimmereinrichtung und den nett gedeckten Tisch, auf dem eine Flasche Champagner, zwei Sektgläser sowie eine persönliche Willkommens-Honeymoon-Karte aufgebaut waren. Wir machten es uns gemütlich mit sehr leckerem Essen, das wir uns über den Zimmerservice bestellt hatten. Da wir so viel Zeit mit Suchen (zu zweit und mit Einheimischem) verbracht hatten, waren wir nicht mehr in die City gegangen. Zum Abschluss des Tages besuchten wir noch die Skyline-Bar. Die Aussicht war super, die Musik modern. Wir genossen den Abend, auch wenn wir erschöpft waren.

Wir hatten kurz aber gut geschlafen. Ein wenig müde aber glücklich begaben wir uns zum Frühstück. Es gab ein reichhaltiges Frühstück, viele unterschiedliche Obstsorten, verschiedene Eier, hartgekocht, Spiegelei, Rührei, unzählige Müslis, Brotsorten, Säfte und Kaffee. Gestärkt machten wir uns auf in die Pariser Innenstadt, wo wir uns einige Sehenswürdigkeiten ansahen, mitunter den Triumphbogen.

Ich hatte mich vor den Triumphbogen gestellt, damit Sandra schöne Fotos von mir machen konnte. Einige Aufnahmen später konnte ich sehen, dass Sandras Blick ungläubig an mir vorbei direkt auf den Triumphbogen gerichtet war. Sie meinte, dass da was geflogen war. Ich lachte etwas irritiert. Guter Witz. Sandra machte noch einige Aufnahmen, bis sie sagte, dass hinter mir auf einmal Rauch mit im Bild zu sehen war. Sandra meinte, dass wir uns besser ein wenig entfernen sollten. Noch bevor wir wirklich reagieren konnten, waren wir von Gelbjacken (so die Bezeichnung Pariser Demonstranten, die sich Journalisten hatten einfallen lassen) umzingelt, erschienen auch mehrere Polizisten zu Fuß und in Streifenwagen auf dem Place Charles-de-Gaulle. Plopp. Ein komisches Geräusch. Und noch ehe wir begriffen, was hier eigentlich los war, wurden wir in weißen Rauch gehüllt, der uns Tränen in die Augen trieb. Tränengas! Hilfe. Toll. Ernsthaft? An unserem Hochzeitswochenende?

Ich griff Sandras Arm und riss sie mit mir mit, weg vom Geschehen. Doch es war zu spät. Wir konnten nicht einmal mehr die eigene Hand vor Augen sehen. Irgendwie hatte ich Sandra verloren, sie war irgendwo in der Rauchwolke hinter mir verschollen. Sie rief nach mir, unterbrochen durch Husten. Panik machte sich ein wenig breit. Ich versuchte ruhig und in Bewegung zu bleiben, sagte Sandra aber auch, dass sie meiner Stimme folgen soll, einfach um aus dieser Zone herauszukommen. Röchelnd, mit tränenden Augen und unter Atemnot leidend, liefen wir extrem langsam weg vom mit Polizisten und Gelbjacken überlaufenen Mega-Kreisverkehr. Um so weiter wir uns vom Triumphbogen entfernt hatten, umso besser konnten wir wieder atmen. Ich merkte, wie sich

Sandras Hand auf meinen Rücken legte. Sie war wieder bei mir. Ich war beruhigt. Wir liefen immer weiter und konnten umgeworfene Roller sehen, an denen sich aufgebrachte Demonstranten ausgetobt hatten.

In sicherer Entfernung holten wir erst einmal tief Luft, trockneten die Tränen und säuberten unsere Nasen. Toll. Was nun? Zuerst überlegten wir, ob wir uns den Eiffelturm noch einmal ansehen sollten, disponierten aber gleich um, als wir sahen, dass sich dort auch Demonstranten aufhielten. Der Eiffelturm war aus Sicherheitsgründen für diesen Tag gesperrt worden. Deshalb sollte es auf die andere Seite von Paris gehen. Mit dem Pedicab (Fahrradtaxi) ging es zum Montparnasse Tower, dem höchsten Gebäude in Paris (210 Meter hoch, 59 Stockwerke). So konnten wir den Eiffelturm trotzdem sehen. Es war ein einmaliges Erlebnis, auf dem einzigen Wolkenkratzer von Paris zu stehen und den 360-Grad-Rundumblick zu genießen.

Bis in den Abend hinein hatten sich die Unruhen zwischen Polizisten und Demonstranten ziemlich zugespitzt, überall wurden Roller angezündet, Straßen blockiert, die Scheiben der Bushaltestellen waren zerschlagen, Autoscheiben zertrümmert. Ausnahmezustand und wir mittendrin. Wir mussten lachen. So etwas „romantisches" konnte wirklich nur uns passieren. Es war schon recht spät und wir fühlten uns nicht mehr allzu sicher, weshalb wir mit dem Taxi zurück zum Hotel fahren wollten. Doch wir fanden keinen Taxifahrer, der uns hätte am Triumphbogen vorbei zum Hotel fahren wollen. Also versuchten wir es mit der Metro. Die Zugänge waren jedoch verschlossen. Wir hatten keine andere Möglichkeit, als zu Fuß zum Hotel zu laufen.

Wir nahmen es mit Humor. Bewegung tut gut.
Und wer kann schon erzählen, bei den Anfängen
der Gelbjacken-Demonstrationen in Paris dabei
gewesen zu sein? Für die etwas mehr als neun
Kilometer benötigten wir fast zwei Stunden. Er-
schöpft und hungrig kamen wir im Hotel an und
ließen uns wieder vom Zimmerservice verwöhnen.
Schnell noch unter die Dusche und ab ins Bett.
Wir hatten noch lange über den Tag gesprochen.
Wir mussten auch lachen, da wir mit so einem
Wochenende keineswegs gerechnet hatten.

Am nächsten Morgen tankten wir unsere Kräfte
beim Frühstück wieder auf und machten uns auf
zum Eiffelturm. An diesem Tag konnten wir sogar
nach oben fahren, was am Vortag ja wegen den
Unruhen nicht möglich gewesen war. Wir genossen die Aussicht und erinnerten uns auch an das
erste Mal Paris, als wir meinen Geburtstag hier
gefeiert hatten. Wir wollten eine Erinnerung an
unser Hochzeitswochenende, weshalb wir einen
Glaswürfel mit unseren Porträts anfertigen ließen.
Oben gab es noch Kaffee und Kuchen, natürlich
mit atemberaubender Kulisse: Paris von oben.

Da wir beide am nächsten Tag wieder in den
Alltag mussten, ging es am frühen Abend wieder
in Richtung Stuttgart. Es war ein sehr schönes Wochenende, das leider viel zu schnell vorbeiging.

Neben dem Arbeitsalltag warteten noch einige
Behördengänge auf uns, vor allem auf Sandra.
Als erstes musste sie eine Apostille für die Eheurkunde und die Bescheinigung über die Namensän-
derung besorgen, damit beides vom Dolmetscher
ins Kroatische übersetzt wird. Diese Unterlagen
mussten dann mit einem neuen Foto dem Konsulat
vorgelegt werden, um einen neuen Reisepass zu
erhalten, der auf den neuen Namen lautet.

Die Mitarbeiterin im kroatischen Konsulat war
sehr hilfsbereit und unterstützte beim Ausfüllen
der Unterlagen. Es war ja nicht alltäglich, dass ein
lesbisches Paar eine Eheurkunde abgab.

Wir erfuhren, dass Sandra zwar in Deutschland verheiratet ist, in Kroatien aber „nur" eine
eingetragene Lebenspartnerschaft besteht. Das
kroatische Gesetz sieht leider noch keine Ehe
für alle vor. Seit dem 05.08.2014 haben gleichgeschlechtliche Paare in Kroatien die Möglichkeit, eine eingetragene Lebenspartnerschaft zu
begründen, mit den gleichen Rechten und Pflichten
wie die Zivilehe, wobei es hier noch Unstimmig-
keiten beim Thema Adoption gibt. Da Kroatien
ein Teil Europas ist, wäre es wünschenswert, dass
hier schnellstmöglich gesetzlich eine Angleichung
vorgenommen wird, so dass Sandra sowohl in
Deutschland als auch in Kroatien verheiratet ist.

Gleichgeschlechtliche Ehe - Anerkennung in anderen Ländern

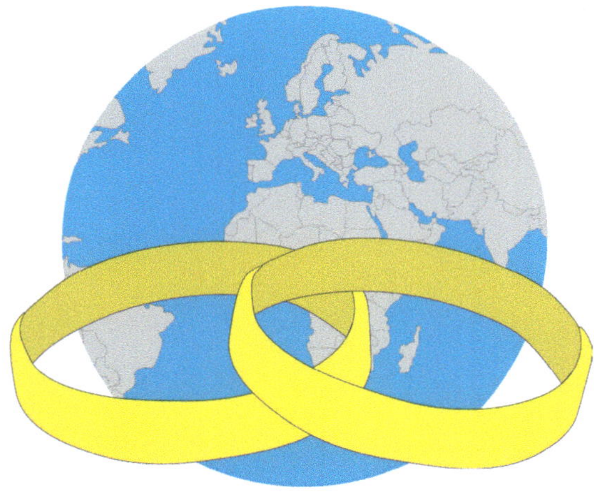

Beim Thema Ehe für alle sollte auch ein Blick auf andere Länder gelegt werden. Wie verhält es sich mit der Gleichstellung homosexueller Paare außerhalb Deutschlands? Die Ehe für alle ist in erster Linie ein Schritt zur Minderung von Diskriminierungen homosexueller Menschen. Deshalb: gibt es sie überall, gibt es zumindest die eingetragene Partnerschaft oder ist eine eheähnliche Lebensform von Homosexuellen überhaupt nicht vorgesehen oder gar strafbar?

Nachfolgend eine Liste in chronologischer Reihenfolge:

1. **Niederlande, seit 01.04.2001.**
   Es war das erste Land der Welt, das die Ehe für gleichgeschlechtliche Paare einführte.

2. **Belgien, seit 01.06.2003.**

3. **Spanien, seit 03.07.2005.**
   In Spanien dürfen gleichgeschlechtliche Paare heiraten. Auch beim Adoptionsrecht gibt es keinen Unterschied zu Heterosexuellen.

4. **Kanada, seit 20.07.2005.**
   Die Eheöffnung wurde mit dem Gesetz „Bill C-38" am 20.07.2005 verabschiedet. Vor der landesweiten Eheöffnung gab es sie schon durch Gerichtsentscheidungen in einigen Teilgebieten Kanadas.

5. **Südafrika, seit 30.11.2006.**
   Südafrika ist das einzige afrikanische Land, in dem gleichgeschlechtliche Partner heiraten dürfen. Die landesweite Durchsetzung verläuft stockend, da Homosexualität in vielen Staaten Afrikas noch mit langen Haftstrafen, teils mit der Todesstrafe geahndet wird.

6. **Norwegen, seit 01.01.2009.**

7. **Schweden, seit 01.05.2009.**
   In Schweden können gleichgeschlechtliche Paare seit dem 01.11.2009 auch in jeder Kirchengemeinde die Ehe eingehen.

8. **Portugal, seit 05.06.2010.**

9. **Island, seit 27.06.2010.**
   Am 11.06.2010 beschloss das isländische Parlament einstimmig die Öffnung der Ehe.

10. **Argentinien, seit 22.07.2010.**

11. **Dänemark, seit 15.06.2012.**
    Dänemark war auch das erste Land, das 1989 die registrierte Partnerschaft für gleichgeschlechtliche Paare eingeführt hatte. Da verwundert es nicht, dass das Land nun auch mit der Ehe nachzog.

12. **Brasilien, seit 16.05.2013.**
    Noch vor der landesweiten Eheöffnung im Mai 2013 gab es bereits Eheöffnungen durch Gerichtsentscheidungen in einigen Teilgebieten Brasiliens.

13. **Frankreich, seit 18.05.2013.**
    Die erste gleichgeschlechtliche Ehe wurde am 29.05.2013 in Montpellier (Südfrankreich) geschlossen. Die Franzosen sprechen hier von einer „mariage gay" oder „mariage homosexuel".

14. **Uruguay, seit 05.08.2013.**

15. **Neuseeland, seit 19.08.2013 (außer Tokelau).**

16. Vereinigtes Königreich, in England und Wales seit 13.03.2014, in Schottland seit 16.12.2014.
Ausgenommen sind die Kronbesitzungen (mit Ausnahme Guernsey) und die Überseegebiete (mit Ausnahme Bermuda, Pitcairninseln und Falklandinseln). Auf der Isle of Man ist die Ehe seit April 2016 erlaubt. Man spricht hier von „same-sex marriage" oder „gay marriage".

17. Luxemburg, seit 01.01.2015.

18. Mexiko, seit 12.06.2015.

19. Vereinigte Staaten, seit 26.06.2015 (außer Amerikanisch-Samoa).
Alle Bundesstaaten konnten selbst entscheiden, ob sie die gleichgeschlechtliche Ehe anerkennen. Der Oberste Gerichtshofs garantierte mit Urteil vom 26.06.2015 die Eingehung und Anerkennung gleichgeschlechtlicher Ehen in allen 50 Bundesstaaten.

20. Irland, seit 16.11.2015.

21. Kolumbien, seit 07.04.2016.

22. Finnland, seit 01.03.2017.

23. Malta, seit 01.09.2017.

24. Deutschland, seit 01.10.2017.
Ausführliche Informationen zur gleichgeschlechtlichen Ehe in Deutschland habe ich in einem eigenen Kapitel zusammengetragen. Ihr findet die Geschichte hierzu auf den vorstehenden Seiten.

25. Australien, seit 09.01.2018.
Die Öffnung der Ehe für alle war dank der „Australian Capital Territory" (ACT) schon am 22.10.2013 kurzzeitig rechtskräftig, wurde wegen Einspruch der konservativen Bundesregierung vor dem Obersten Gericht am 12.12.2013 wieder für nichtig erklärt. Der zweite Anlauf klappte, da laut Urteil eine gleichgeschlechtliche Ehe bundesweit und nicht nur in einem Teil Australiens möglich sein solle. Am 07.12.2017 beschloss das australische Parlament die Einführung der Homo-Ehe.

26. Österreich, seit 01.01.2019.

27. Taiwan, seit 24.05.2019.
Die meisten Staaten Asiens stellen die gleichgeschlechtliche Ehe unter Strafe, bis hin zur Todesstrafe. Taiwan bildet eine Ausnahme.

28. Ecuador, seit 12.06.2019.

29. Nordirland, seit 13.01.2020.

30. Costa Rica, seit 08.02.2020.

31. Chile, seit 10.03.2022.

32. Schweiz, seit 01.07.2022.
Beim Volksentscheid am 26.09.2021 stimmten 64,1% der Wahlberechtigten für die Ehe für alle. Eine Parlamentsentscheidung gab es schon am 18.12.2020. Es musste neu abgestimmt werden, da Gegner in 100 Tagen 50.000 Unterschriften gesammelt hatten.

33. Kuba, seit September 2022.
In einer Volksabstimmung hat die Mehrheit der Kubaner(innen) für die Einführung der Homo-Ehe gestimmt.

34. Slowenien, seit 31.01.2023.

Slowenien ist das erste Land in Osteuropa, in dem gleichgeschlechtliche Paare heiraten dürfen.

35. Andorra, seit 17.02.2023.

Das Parlament hatte 2022 bereits das Gesetz verabschiedet, ohne eine einzige Gegenstimme.

36. Estland, seit 2023.

Nur zwei Monate nach dem Amtsantritt der liberalen Koalitionsregierung hatte das estnische Parlament als erster Staat im Baltikum die Ehe für alle geöffnet.

37. Griechenland, seit Februar 2024.

Es ist das erste christlich-orthodoxe Land, das die gleichgeschlechtliche Ehe frei gibt.

38. Thailand, seit 2024.

Thailand ist der erste südostasiatische Staat, der gleichgeschlechtliche Ehen erlaubt.

39. Liechtenstein, ab 01.01.2025.

Beschlossen wurde die Ehe für alle bereits im Mai 2024. In Kraft treten wird das Gesetz zum 01.01.2025.

In vielen Ländern wird noch für eine Ehe-Öffnung gekämpft. Bisher jedoch ohne Erfolg. So zum Beispiel in der Ukraine und in Tschechien, wo unlängst ein Gesetzesentwurf zur Ehe-Öffnung abgelehnt wurde.

Homosexualität in anderen Ländern

Auch wenn bereits einige Länder die gleichge-schlechtliche Ehe der heterosexuellen Ehe angegli-chen haben, gibt es noch viele Länder mit wenig positiv formulierten Gesetzen und Ansichten der dort lebenden Menschen. Da immer auch beide Seiten einer Medaille beleuchtet werden sollten, möchte ich auch auf die negative Seite näher eingehen. Auch in unserer modernen Welt gibt es noch Länder, die Homosexualität unter Strafe stellen, bis hin zur Todesstrafe. Nicht in jedem Land gibt es Antidiskriminierungsgesetze, die homosexu-elle Menschen schützen.

In allen westlichen Industrieländern ist Homo-sexualität straffrei. Strafen auf homosexuelle Handlungen gibt es in einigen Ländern der Dritten Welt. Warum hier noch so stark ausgegrenzt und verfolgt wird, mag an den unterschiedlichen Reli-gionen liegen. Seit 2008 gibt es eine UNO-Dekla-ration, die gegen Diskriminierung und Strafbarkeit von Homosexualität steht. Ihre Unterzeichner sind alle EU-Staaten, alle südamerikanischen Staaten der Mercosur, Kanada, Israel, Australien, Neusee-land, Japan und die Vereinigten Staaten.

In 72 Staaten, die nicht allesamt muslimisch ge-prägt sind, gelten antihomosexuelle Gesetze. Des-halb sollte man genau prüfen, in welchen Ländern man Urlaub macht. Immerhin droht Homosexu-ellen in 13 Ländern Afrikas und Asiens sogar die Todesstrafe. In 125 Ländern ist Homosexualität nicht illegal. Neun Länder haben ein Diskrimi-nierungsverbot aufgrund sexueller Orientierung in ihre Verfassung aufgenommen. Negativ fällt derzeit Polen auf; dort hatten sich ca. 100 streng katholische Städte und Dörfer zu „LGBTQ*-freien Zonen" erklärt. Ein Vertragsverletzungsverfahren wurde durch die EU eingeleitet. Die national-konservative polnische Regierungspartei Recht und Gerechtigkeit (PiS) sah eine Zerstörung des traditionellen Familienmodells durch LGBTQ*s. Zumindest sind Anfang 2024 einige dieser Zonen wieder aufgehoben worden. Dies lag wohl auch

an der Ablehnung mehrerer finanzieller Förder-anträge polnischer Kommunen. Im Juli 2020 hatte EU-Kommissionschefin Ursula von der Leyen gegenüber Polen oft die Gleichstellung sexueller Minderheiten betont. Von den ursprünglich 100 Städten und Dörfern zählt leider immer noch jede zehnte zu den LGBTQ*-freien Zonen.

Nachfolgend möchte ich die Länder auflisten, in denen Homosexualität illegal ist und bestraft wird. Der besseren Übersicht geschuldet, habe ich sie in drei Listen aufgeteilt. Die Länder sind hier immer in alphabetischer Reihenfolge aufgeführt. Beginnen möchte ich mit den geringsten Strafmaßen.

In diesen Ländern sind homosexuelle Handlungen illegal und werden im Mindestmaß mit Bußgeldern geahn-det, die Höchststrafe sieht unter-schiedlich lange Haftstrafen vor:

- Ägypten
- Algerien
- Angola
- Antigua und Barbuda
- Äthiopien
- Bahrain (für Männer)
- Bangladesch
- Barbados
- Bhutan
- Botswana
- Burundi
- Cookinseln (für Männer)
- Dominica
- Eritrea
- Gambia
- Gaza
- Ghana (für Männer)
- Grenada (für Männer)
- Guinea
- Guyana (für Männer)
- Indonesien (nur in der Provinz Aceh)
- Irak

- Jamaika (für Männer)
- Kamerun
- Kenia (für Männer)
- Kiribati (für Männer)
- Kuwait
- Liberia
- Libyen
- Malawi
- Malaysia
- Malediven (für Männer)
- Marokko
- Mauritius
- Myanmar
- Namibia
- Oman
- Pakistan (für Männer)
- Papua Neuguinea (für Männer)
- Salomonen
- Sambia (für Männer)
- Samoa
- Sansibar
- Senegal
- Sierra Leone (für Männer)
- Simbabwe (für Männer)
- Singapur
- Somalia
- Sri Lanka
- St. Kitts und Nevis
- St. Lucia
- St. Vincent und die Grenadinen
- Südsudan
- Swasiland (für Männer)
- Syrien
- Tansania
- Togo
- Tonga (für Männer)
- Tschad
- Tunesien
- Turkmenistan (für Männer)
- Tuvalu (für Männer)

- Uganda
- Usbekistan (für Männer)
- Zentralafrikanische Republik

In diesen Ländern steht auf homosexuelle Handlungen lebenslange Haft:

- Bangladesch
- Barbados
- Guyana
- Myanmar
- Pakistan
- Sierra Leone
- Singapur

In diesen Ländern droht bei homosexuellen Handlungen von Gesetzes wegen die Todesstrafe:

- Afghanistan
- Brunei
- Iran
- Jemen
- Katar
- Mauretanien
- Nigeria
- Saudi-Arabien
- Sudan
- Vereinigte Arabische Emirate

Homosexualität in anderen Ländern

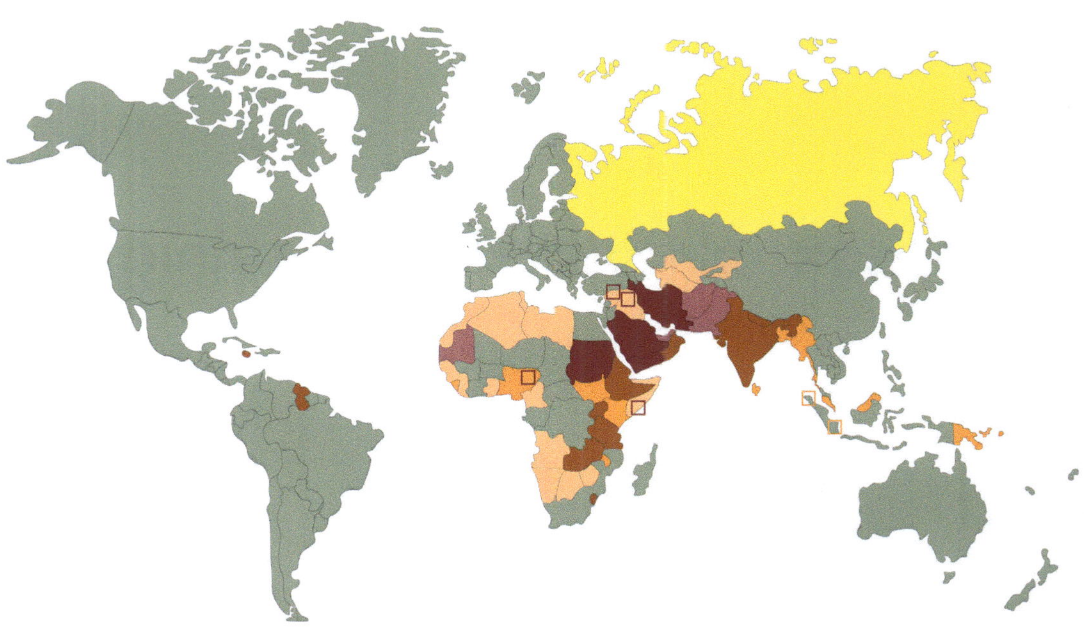

Homosexualität in den Vereinigten Staaten

Die Lage Homosexueller auf dem europäischen Kontinent habe ich schon näher beleuchtet. Auch global gesehen die Strafandrohungen für Homosexualität aufgezeigt. Da viele Menschen weltweit immer die Vereinigten Staaten als Vorbild haben und sich oft an ihren Entwicklungen messen und danach richten, möchte ich auch gerne noch auf diesen Kontinent eingehen. Neuerungen, Gesetze, Bestimmungen, meist sind die Amerikaner Vorreiter. In den Vereinigten Staaten sind für Homosexuelle folgende Ausdrücke gebräuchlich: gay (schwul, homosexuell), queer, lesbian, bisexual, transgender, homosexual, two-spirit (zwei Geister, drittes Geschlecht).

Bis ins 20. Jahrhundert mussten sich Homosexuelle in den USA verstecken, aus Angst vor Diskriminierung, gesellschaftlicher Ächtung sowie Strafverfolgung. Die Umschreibung „In the closet", im Wandschrank, stammt aus dieser Zeit, da sich Homosexuelle nur in subkulturellen Nischen ausleben konnten. Wie in anderen Ländern auch, wurde Homosexualität anfänglich als Sünde gesehen, später als Krankheit und Verbrechen. Erst seit einiger Zeit ist Homosexualität in den meisten Bundesstaaten der Vereinigten Staaten nichts Abnormes mehr, wird als natürlich und angeboren angesehen.

Die Entkriminalisierung homosexueller Handlungen erfolgte über viele Jahre in einzelnen Etappen, da jeder Bundesstaat seine eigenen Gesetze hat. Illinois schaffte 1962 als erster Bundesstaat die Sodomiegesetze ab. Hierunter versteht man ein aus religiöser und christlicher Sicht sündiger Sex, der nicht der Fortpflanzung in der Ehe dient. Bis 2003 standen homosexuelle Handlungen in den Vereinigten Staaten unter Strafe. Zu verdanken sind Lockerungen beispielsweise dem Stonewall-

Aufstand 1969, den ich in einem separaten Kapitel abhandle sowie Gründungen von Organisationen für die Rechte Homosexueller und Transgender.

Die Geschichte Amerikas zeigt, dass bereits indianische Völker Homosexuelle in ihre Kultur fest eingebunden hatten. Sie hießen Two Spirits, da sie in einem Körper einige Geschlechter und Seelen vereinten. Leider wurden sie, und somit ein wichtigstes Kulturgut der Indianer, im Zuge der Einwanderung von Christen aus Europa fast komplett ausgelöscht. Gemeint sind hier vor allem Spanier und Engländer, die ihren Glauben und ihre Ansichten im Zuge der Kolonialisierung nach Amerika brachten. Schnell waren homosexuelle Handlungen strafbar, im Regelfall durch Todesstrafe. Dies galt für Frauen und Männer gleichermaßen, wobei Frauen meist mildere Strafen zu befürchten hatten. Auch mit der Unabhängigkeitserklärung der Vereinigten Staaten 1776 behielten die Sodomiegesetze ihre Gültigkeit. Erst nach und nach wurden die Strafen gemildert, die dann meistens langjährige Haftstrafen und das Einziehen des gesamten Vermögens vorsahen.

Anfang des 19. Jahrhunderts wurde Homosexualität als Geisteskrankheit und neurotische Störung durch den Aufstieg der Psychoanalyse 1896 bewertet. Sie sollte verantwortlich sein für Wahnsinn, Lähmung, Idiotie, Epilepsie, Schlaganfall, Erblindung und Schwindsucht. Zur damaligen Zeit zählten viele unliebsame und ungewollte sexuelle Handlungen, wie beispielsweise auch die Mastrubation zu den Ursachen solcher Krankheiten. Homosexualität sollte in Rehabilitationseinrichtungen wegen einem hormonellen Ungleichgewicht medikamentös behandelt werden. Das war der „humanere Weg". Es gab leider auch andere Behandlungsformen und Heilungstherapien, die schmerzhafter und unwürdiger waren. Hierzu zählten u.a. die traditionelle Psychoanalyse, Aversionstherapie, Schockbehandlung oder Lobotomie. Homosexualität wurde erst am 15.12.1973 von der „American Psychiatric Association" (APA) aus der Liste der Geisteskrankheiten gestrichen.

Im 19. Jahrhundert entstanden einige Nischen beziehungsweise Treffpunkte für Homosexuelle. Dank der Industrialisierung war es nicht ungewöhnlich, dass Männer in Wohngemeinschaften zusammenlebten. Auch Geld war vorhanden, mit dem sich Homosexuelle fein kleiden konnten. Da sie sehr extravagant auftraten, hatten sie schnell den Spitznamen „fairies" (Feen) inne. In allen größeren Städten bildeten sich Subkulturen, in denen Homosexuelle und Bisexuelle miteinander tanzen und feiern konnten. Diese Spots waren beliebte Anlaufstellen wegen ihrer Offenheit, auch für Drag-Anhänger und männliche sowie weibliche Cross-Dresser. Daneben wurden auch die Hafendocks immer beliebter als Treffpunkt für Homosexuelle, da sie von den meisten Amerikanern nicht wirklich als Homo-Treffpunkte wahrgenommen wurden. Seitdem Frauen in den USA einer eigenen Arbeit nachgehen und auch Colleges besuchen durften, konnten auch sie ihre Neigungen ausleben, ohne dass gefragt worden wäre, ob sie lesbisch seien. Auch Frauen-Wohngemeinschaften waren keine Seltenheit. Es kam oft vor, dass Homosexuelle ins Ausland zogen, um sich den empfindlichen Strafen in Amerika zu entziehen und ihr Leben mit Partner leben zu dürfen. Das galt zumindest für die weiße und finanziell bessergestellte Bevölkerungsschicht. Schwarze und arme Amerikaner hatten es hier schon um einiges schwerer. Sie waren mehr in ihren Familien eingebunden und mussten, um ihren Unterhalt zu sichern, eigene Nachkommen zeugen.

Während und nach dem Zweiten Weltkrieg wurde die homosexuelle Community in New York immer größer und wuchs heran zur größten des Landes, was auch daran lag, dass viele Künstler, Schriftsteller und homosexuelle Soldaten sich hier niederließen. Es entstand die Hilfsorganisation „Veterans Benevolent Association" (VBA), die sich vor allem an Soldaten richtete, die unehrenhaft aus der Armee entlassen worden waren und auch einige homosexuelle Bars und Clubs. Viele weitere amerikanische Städte wurden ebenfalls zu beliebten Zielen Homosexueller: Atlanta, Chicago, Hollywood, Los Angeles und San Francisco. Aus dieser Zeit stammt auch die BDSM-Bewegung (homosexuelle Lederszene).

Seit Joseph McCarthy in der Politik stand, kam es zu Verschwörungstheorien und starker Verfolgung von vermeintlichen Kommunisten, in der er auch Homosexuelle auf „seine rote Liste" setzte. Man spricht hier gerne von der McCarthy-Ära (1947 bis 1956). Es kam zu offiziellen Überwachungen sowie Ermittlungen gegen Homosexuelle, die auch „im Interesse der nationalen Sicherheit" aus dem öffentlichen Dienst entlassen wurden, begründet mit der „Executive Order Nr. 10450", hin zu einem Beschäftigungsverbot bis ins Jahr 1975.

Ab 1950 wurde die erste homosexuelle Organisation begründet, die „Mattachine Society", später auch „Knights of the Clock". Es entstand auch das „One, Inc.", aus dem später das landesweit erste wissenschaftliche Journal herausging. Auch die Lesben bildeten 1955 ihr erstes Sprachrohr, die „Organisation Daughters of Bilitis" (DOB), die auch ihre eigene Zeitschrift „The Ladder" herausgab. 1961 entstand die „Mattachine Society of Washington" sowie die „Society of Individual Rights" (SIR) in San Francisco, 1962 die „Janus

Society", 1963 schlossen sich viele Organisationen zur „East Coast Homophile Organizations" (ECHO) zusammen.

In New York kam es am 19.09.1964 zur ersten amerikanischen Demonstration mit 10 Beteiligten, die in der Whitehall Street für die Rechte Homosexueller und gegen die Diskriminierung Homosexueller in der Armee protestierten, im Sommer 1965 die erste Demonstration in Washington, 1967 protestierten in Los Angeles auf dem Sunset Boulevard viele Homosexuelle gegen zuvor stattgefundene Polizeirazzien. 1969 gab es auch den Stonewall-Aufstand, der einen eigenen Kapitel erhalten hat, da er Ursprung der auch heute noch weltweit gefeiert CSDs ist. 1979 gab es den „March on Washington for Lesbian and Gay Rights" mit über 100.000 Teilnehmern.

Auch auf religiöser Ebene tat sich einiges in Amerika. Ab 1960 gab es in religiösen Gemeinschaften immer größere Ambitionen, Homosexualität zu Entkriminalisieren. 1967 entschieden Vertreter episkopaler Kirchen, dass es keine Verdammung mehr geben solle. Ab 1968 gab es dann auch in Los Angeles eine von Homosexuellen getragene freie Kirche, die „Metropolitan Community Church". Dies galt für die restlichen Kirchen nur anteilig. Die ersten Segnungsgottesdienste gab es bei der Organisation „Churches Uniting in Christ". Homosexuelle gründeten eigene kirchliche Organisationen, wie beispielsweise 1969 die „Dignity USA", 1973 die „Beit Simchat Thora-Kongregation" in New York, 1974 die „Integrity USA" oder 1977 die „Affirmation: Gay & Lesbian Mormons".

Homosexuelle forderten mit den zuvor aufgezählten Demonstrationen immer vehementer die Gleichstellung, Integration und gesellschaftliche

Anerkennung ihrer Rechte. Auch heute gilt noch der Stonewall-Aufstand als wirklicher Startpunkt hierfür. Es bildeten sich weitere Organisationen, die alle die Regenbogenfahne (erstmals genutzt 1978 in San Francisco) des Künstlers Gilbert Baker oder das griechische Lambda-Symbol als Erkennungsmittel trugen. Das sind unter anderem 1969 die „Gay Liberation Front" (GLF) in New York und die „Gay Activist's Alliance" (GAA), 1970 die „Street Transvestite Action Revolutionaries" (STAR), 1971 der „Lambda Legal Defense and Education Fund" (Lambda Legal), 1972 das „Lesbian Liberation Committee" (LLC), 1973 die „National Gay and Lesbian Task Force" (NGTF), 1976 die „Salsa Soul Sisters", 1979 die „Lesbian and Gay Asian Alliance", 1980 die „Human Rights Campaign". Alle Organisationen wurden und werden von vermögenden Mitgliedern getragen. Die „Human Rights Campaign" ist die mitgliedsstärkste LGBTQ*-Bürgerrechtsorganisation der USA. Gegründet wurden u.a. auch 1983 die „Lesbianas Unidas" oder 1989 die „United Lesbians of African Heritage" (Uloah).

Ab 1970 herrschte bei den Homosexuellen der Slogan vor „Raus aus dem Wandschrank, raus auf die Straße" (englisch: Out of the closets, into the streets). Sie wollten endlich auch glücklich sein dürfen, geoutete Personen konnten freier leben. Zu dieser Zeit drängten einige Homosexuelle sowie Menschen der Öffentlichkeit zu einem Outing, auch wenn diese es vorgezogen hätten, sich weiterhin zu verstecken. Es stellte einen Eingriff in die Privatsphäre dar. Unter den Homosexuellen herrschte hier eine Spaltung, da einige der Meinung waren, dass jeder für sich selbst entscheiden sollte, wann und ob er sich outen möchte. Es folgten einige öffentliche Outings namhafter Politiker, Redakteure, Verleger, Sänger und Schauspieler.

Durch diesen Druck entschlossen sich einige im öffentlichen Leben stehende Homosexuelle zu einem nicht immer freiwilligen und selbstbestimmten Outing.

Zuvor hatte ich schon den „National March of Washington for Lesbian and Gay Rights" genannt. Er fand am 11.10.1987 zum zweiten Mal statt, sein Datum wird heute für den Coming-out-Tag genutzt. Jedes Jahr ab 1987 wird er gefeiert und dient als Aktionstag, um sein Coming-out zu zelebrieren. Hierzu wurde die Organisation „National Coming Out Day" (NCOD) von Rob Eichberg und Jean O`Leary gegründet. Das Logo stammt von Keith Haring und zeigt einen Menschen, der aus dem Wandschrank tanzt. Am 11.10.1988 wurde der erste NCOD in 18 Bundesstaaten gefeiert, tausende schwule und lesbische Amerikaner hatten ihre Namen in Zeitungen veröffentlichen lassen. Es gab auch Übertragungen im Fernsehen und Radio.

Es ist sehr erfreulich, dass sich in der Öffentlichkeit und Politik viel getan hat und Homosexuelle nicht mehr so stark ausgegrenzt werden. Die LGBTQ*-Community wurde als Wählerschaft interessant. Deshalb standen ihre Rechte immer öfter und stärker im Fokus von Wahlkämpfen. Erstmals waren sie 1992 interessant, bei der Wahl von Bill Clinton, der nach seinem Wahlkampfsieg viele Homosexuelle in seine Regierung integrierte. Dem waren viele Entscheidungen vorausgegangen, die der Abschaffung der Sodomie dienten. Ohne diese grundlegende Änderung der Gesetze, wären Homosexuelle noch immer eine verfolgte Minderheit in Amerika, die Strafen befürchten müssten, die von Geldbußen bis hin zu langen Haftstrafen reichten. Erst ab 1993 wurden Homosexuelle im Wehrdienst geduldet, solange sie ihre Orientierung im Verborgenen hielten. Seit dem 20.09.2011 können Homosexuelle im US-Militär dienen und offen homosexuell leben. Im Sommer 2014 hatte Präsident Obama erlassen, dass Diskriminierung homosexueller Mitarbeiter in der US-Regierung und deren Unternehmen untersagt ist. Nach und nach sollte ein Gesetzentwurf erarbeitet werden, der auf Bundesebene greift.

Neben den Sodomiegesetzen hatten Homosexuelle in den USA viele weitere Diskriminierungen im täglichen Leben zu befürchten. Ausschluss aus bestimmten Berufen sowie dem Militärdienst, da sie keine Unbedenklichkeitsbescheinigung (security clearance, notwendig, um arbeiten zu dürfen) erhalten konnten, Benachteiligungen im Arbeits- und Mietrecht, bei Versicherungspolicen, beim gemeinsamen Begräbnis, bis 1990 Einreiseverbot von Ausländern zu ihren amerikanischen Partnern in die USA (überwacht durch die amerikanische Immigrationsbehörde (INS)).

Die Abschaffung der Sodomie-Gesetze in den Bundesstaaten (in chronologischer Reihenfolge):

- Illinois (1972, er war auch der erste Bundesstaat),
- Connecticut (1972),
- Colorado (1972),
- Oregon (1972),
- Delaware (1973),
- Hawaii (1973),
- Massachusetts (1974),
- Ohio (1974),
- New Hampshire (1975),
- New Mexico (1975),
- North Dakota (1975),
- Kalifornien (1976),
- Maine (1976),

- Washington (1976),
- West Virginia (1976),
- Indiana (1977),
- South Dakota (1977),
- Vermont (1977),
- Wyoming (1977),
- Iowa (1978),
- Nebraska (1978),
- New Jersey (1979),
- Alaska (1980),
- New York (1980),
- Pennsylvania (1980) und
- Wisconsin (1983).

Durch viele Gegner und auch wegen der AIDS-Krise in den 1980er Jahren stockte die Abschaffung der Sodomiegesetze in den USA. Die Entkriminalisierung von Homosexualität ging erst einige Jahre später weiter:

- Kentucky (1992),
- Nevada (1993),
- District of Columbia (1995),
- Tennessee (1996),
- Montana (1997),
- Georgia (1998),
- Rhode Island (1998),
- Maryland (1999),
- Arizona (2001),
- Minnesota (2001) und
- Arkansas (2002).

Ab dem 26.06.2003 wurden die Sodomiegesetze mit Rechtsprechung des obersten Gerichtshofes der USA nun auch in den restlichen Bundesstaaten abgeschafft:

- Alabama,
- Florida,
- Idaho,
- Kansas,
- Louisiana,
- Michigan,
- Mississippi,
- Missouri,
- North Carolina,
- Oklahoma,
- South Carolina,
- Texas,
- Utah und
- Virginia.

In vielen Teilen Amerikas zog nun auch das Pflegerecht nach, auch das Adoptionsrecht öffnete sich für Homosexuelle. Den Anfang gab es mit dem Sorgerecht für Frauen, auch für nicht biologisch eigene Kinder. Später folgte das „second parent adoption" (1992) für schwule Männer, die nun auch die Kinder des Lebenspartners adoptieren konnten, 1997 das „joint adoption", das Schwulen das Recht einräumte, Kinder zu adoptieren, die mit keinem der Männer biologisch verwandt waren.

So schön die vielen positiven Wege auch waren, so gab es mit der steigenden Angleichung und Präsenz von Homosexuellen auch viele Bewegungen und Organisationen, die sich gegen Homosexualität stellten und auch wieder die Meinung verbreiteten, es sei eine Krankheit, die man heilen könne. Anfangs hatte es Übergriffe, Angriffe gegeben, denen alsbald Therapien zur Heilung folgten: die Reparative Therapie, auch Konversionstherapie genannt. Hierauf möchte ich später noch eingehen, da sie weltweit noch viele Anhänger hat. Kurz angedeutet: Homosexuelle Menschen sollen wieder „auf normal getrimmt werden", wozu sich vermeintliche Heiler oder

Therapeuten unterschiedlicher „Behandlungs-
methoden" bedienen. Es gab auch Stimmen, die
sich für die Wiedereinführung der Todesstrafe für
Homosexuelle aussprachen. Gott sei Dank wurde
dies nicht durchgesetzt.

Gleichgeschlechtliche Lebenspartner-
schaft und Ehe

Homosexuelle in Amerika wollten denselben
Stand haben wie alle anderen Menschen. Das
schließt auch die Absicherung des Partners in
Form von Heirat mit ein. Ihnen sollten dieselben
Rechte eingeräumt werden wie sie heterosexuelle
Paare genießen.

1984 war Berkeley die erste amerikanische Stadt,
in der sich gleichgeschlechtliche Paare registrieren
lassen konnten.

Seit 1992 waren in der Hauptstadt Washing-
ton die „domestic partnerships" (anerkannte
Partnerschaften) legal. Dies bot Homosexuellen
ähnliche Rechte wie die Ehe. Später folgten die
Bundesstaaten Kalifornien (1999), Maine (2004),
Washington (2006) und Oregon (2008).

Der erste Bundesstaat für die „civil union, regis-
tered partnership" (rechtlich anerkannte Partnerschaft) für Homosexuelle war Vermont. Diesem
Beispiel folgten Connecticut (2005), New Jersey
(2006) und New Hampshire (2008).

Als tatsächlichen Wegbereiter nimmt man den
Rechtspruch von 1993, als der oberste Gerichts-
hof von Hawaii entschied, dass es als Geschlech-
terdiskriminierung gelte, Homosexuellen keine
Heiratslizenz auszustellen. Bill Clinton (ehem.
Präsident der USA) hatte 1996 den „Defense of
Marriage Act" unterschrieben, der festschrieb,

dass weder die amerikanische Bundesregierung
noch einzelne Bundesstaaten eine gleichgeschlechtliche Ehe anerkennen müssen, die in einem
einzelnen beziehungsweise anderen Bundesstaat
geschlossen wurden. Dem folgend, verabschiede-
te Hawai 1998 das „Constitutional Amendmend
2", womit gleichgeschlechtliche Ehen nicht mehr
umsetzbar waren. Ein harter Rückschlag für die
Homosexuellen.

Anfang 2004 hatte Gavin Newsom, Bürgermeis-
ter von San Francisco, Heiratslizenzen auch an
gleichgeschlechtliche Bewerber ausstellen lassen.
In der Zeit vom 12.02.2004 bis 11.03.2004 wurden in San Francisco ca. 4.000 gleichgeschlechtliche Ehen geschlossen, die aber vom obersten
Gerichtshof in Kalifornien als nicht rechtswirksam
erklärt wurden. Erst am 17.05.2004 wurde in
Massachusetts die erste legale gleichgeschlechtliche Ehe geschlossen. Dem war ein Urteil des
Supreme Judical Court vorausgegangen, mit der
Begründung, dass die Vorteile, die verheiratete
Heterosexuelle innehatten, homosexuellen Paaren
nicht vorenthalten werden dürfen. Seither hat sich
einiges getan. Die gleichgeschlechtliche Ehe (same-sex marriage) war ab 2013 der heterosexuellen Ehe gleichgestellt, auf Bundesebene wurde die
„Defense of Marriage Acts" aufgehoben, auch
steuerlich gesehen kam es zu einer Gleichstellung.

Viele Bundesstaaten und Unternehmen räumen
ihren Bürgern bzw. homosexuellen Mitarbeitern
die gleichen Rechte wie ihren heterosexuellen
Pendants ein, in einigen Bundesstaaten haben
Homosexuelle das Recht auf eheähnliches Zusammenleben, sind von Gesetztes wegen vor Diskriminierung geschützt. Nicht in ganz Amerika, aber in
einigen Bundesstaaten haben Homosexuelle das
Recht, Kinder zu adoptieren. Es wäre schön, wenn
dies bald in ganz Amerika gelten würde.

Homosexualität in den USA

Konversionstherapie

Da ich eben schon die rechtliche Situation von Homosexuellen in Amerika aufgezeigt habe, möchte ich auch gleich noch auf die Konversionstherapie (auch Reparativtherapie genannt) eingehen, die bis vor kurzem in Amerika gesetzlich verankert war und in einigen Teilen Amerikas noch praktiziert wird. Auch wenn Homosexuelle in Amerika so viele Rechte wie in keinem anderen Land haben, gibt es viele Religionsgemeinschaften, die der Homosexualität sehr verschlossen und ablehnend gegenüberstehen. Sie sind große Anhänger von Behandlungs- und Heilungsmöglichkeiten sowie Umerziehungscamps. Man schätzt, dass 700.000 Menschen in den USA bereits eine solche Therapie erhalten haben. Zwar gibt es in vielen US-Staaten Gesetze, die solche Konversionstherapien gegen Bezahlung verbieten. Deshalb bieten religiöse Gemeinschaften diese Behandlungen kostenlos an, da sie dann nicht illegal sind.

Grundlage einer solche Konversionstherapie (lateinisch conversio: Umwendung, Umkehr) ist die Annahme, dass Homosexualität eine psychische Störung ist, die man therapieren und heilen kann, auch wenn sie 1974 von der „American Psychological Association" (APA) aus der Liste der psychischen Störungen und 1992 aus dem weltweit anerkannten ICD-10-Katalog gestrichen wurde. Gläubige, vor allem aus der evangelikalen Bewegung, sprechen immer wieder davon, dass Homosexualität eine Sünde sei, die man wieder aberziehen kann. Sehr angetan von der Konversionstherapie sind die „American Association of Christian Counselors" (NARTH) und die „Catholic Medical Organization".

Homosexuelle leiden schon genug unter dem Umstand, sich irgendwann freiwillig oder unfreiwillig zu outen, nicht selten münden solche Ängste und Leiden in Selbstmord. Meist sind es nahestehende Personen, Eltern, Familie und Freunde, die dem Homosexuellen dabei helfen wollen, wieder „normal zu sein", ihm seine homosexuellen Neigungen und falsche Geschlechtsidentität abzuerziehen. Hier steht in erster Linie vor allem die Scham darüber, dass das eigene Kind oder Freund homosexuell ist. Anders zu sein ist leider immer noch mit Vorurteilen behaftet. Selten akzeptiert das eigene Umfeld die sexuelle Orientierung.

Meist finden solche gefährlichen Konversionstherapien bereits im Kindes- und Jugendalter statt. Für die Umpolung nutzen die vermeintlichen Therapeuten Mittel wie beispielsweise

- Gesprächstherapien, wobei analysiert wird, ob Schwule zu viele weibliche oder Lesben zu viele männliche Vorbilder hatten,
- geistliche Begleitung, da Homosexualität nicht von Gott gewollt und nur eine psychologische Fehlentwicklung ist, die geheilt werden kann,
- Umerziehungscamps,
- Kurse, die Männer beim Erlernen von nicht-schwulem Verhalten helfen und Frauen beibringen soll, die typische Frauenrolle zu erfüllen,
- Elektroschocks, die angewendet werden, während sich Homosexuelle Pornos ansehen müssen; hier soll die Lust durch Negatives ersetzt werden,
- Aversionstherapien mit bewusst herbeigeführtem Erbrechen; der Betroffene soll Homosexualität mit negativen Gefühlen verbinden.

Da diese Therapien meist schwerwiegend für Körper und Geist sind, setzten sich immer mehr Menschen dafür ein, diese zu verbieten. Die bekannteste Organisation in den USA gegen eine

Reparativtherapie ist die „Born Perfect" (Perfekt geboren), die sich auch um Opfer solcher Therapien kümmert. Zwar ist in den USA die Ehe für alle erlaubt, Reparativtherapien kommen trotzdem zum Zug. Zumindest lies der Vatikan am 27.08.2018 verlauten, dass er die Konversionstherapie nicht befürworte, da Homosexualität keine Krankheit sei. Seit 2012 ist immerhin schon in neun Bundesstaaten der USA die Konversionstherapie verboten.

Diese Therapien wurden und werden leider auch in anderen Teilen der Welt angewendet. Seit Februar 2019 wurde, initiiert von Gesundheitsminister Jens Spahn, an einem Gesetzentwurf gewerkelt, der Konversionstherapien unter Strafe stellen soll. Erfreulich, dass es nun endlich auch umgesetzt wurde. Seit dem 07.05.2020 sind diese Heilungstherapien homosexueller Jugendlicher (bis 18 Jahre) gesetzlich in Deutschland verboten. Hier drohen Geldbußen von bis zu 30.000,00 Euro und Gefängnisstrafen von bis zu einem Jahr. Schwulen- und Lesbenverbände fordern hier eine Nachbesserung in Bezug auf das Alter. Ein generelles Verbot soll gesetzlich verankert werden.

Leider gibt es solche Therapieformen weltweit, vor allem in christlich geprägten Ländern. Wann diese menschenunwürdigen Behandlungsformen endlich global abgeschafft werden, bleibt abzuwarten. Zumindest sollten sich viele Länder ein Beispiel an der Gesetzgebung in den USA nehmen, die die Rechte von Homosexuellen schon sehr gut schützt.

Liebe ist:
LIEBE!

Regenbogenfamilien und Kinderwunsch in Deutschland

Heterosexuelle und homosexuelle Paare sind eigentlich gleich. Einige von ihnen haben den Wunsch nach Familie, nach eigenen Kindern, andere bevorzugen ein Leben zu zweit. Das richtet sich nicht nach der sexuellen Orientierung, sondern nach der Grundeinstellung, die von Mensch zu Mensch unterschiedlich ist. Sandra und ich wünschen uns eigene Kinder. Adoption? „Künstliche Befruchtung", also Samenspende von einer Samenbank oder private Samenspende? Ein schwules Paar finden, das auch einen Kinderwunsch hegt, um gemeinsam ein Kind zu zeugen und aufzuziehen, also zwei Mütter und zwei Väter? Das ist für uns keine Option, da entweder der biologische Vater auf seine rechtliche Vaterschaft verzichten muss, damit die Co-Mutter das Kind adoptieren kann oder die Co-Mutter auf die Adoption verzichten muss, damit der biologische Vater auch rechtlicher Vater sein kann.

Über alle Möglichkeiten haben wir schon oft gesprochen, Pro und Kontra abgewogen. Es sollte keine unüberlegte Entscheidung sein, da homosexuelle Menschen immer einen langen Weg vor sich haben, bis sie am Ziel „Kind" angekommen sind. Planung, Anträge, Begutachtungen durch das Jugendamt, Fragebögen, Tests. Diesen Auswahlkriterien für Elternschaft müssen sich heterosexuelle Menschen nicht stellen. Wir entscheiden uns für eine künstliche Befruchtung, damit von uns irgendwann in naher Zukunft auch ein kleines Mini-Me herumspringt.

Doch bevor ich näher auf die Möglichkeiten der künstlichen Befruchtung eingehe, möchte ich zuerst das Thema Adoption abhandeln. Viele Jugendämter in Deutschland setzen die Ehe voraus, damit ein Paar ein Kind adoptieren darf, wobei sie sich auch gemeinsam für eine Adoption entscheiden

müssen. Hier bildet die Stiefkindadoption eine Ausnahme, wenn der Ehepartner das leibliche Kind des anderen adoptiert.

Bisher galt, dass bei unverheirateten Paaren nur ein künftiger Elternteil ein Kind adoptieren darf, was jedoch als verfassungswidrig gilt. Das Gesetz sollte hier noch im Jahr 2020 nachgebessert werden. Dann können auch unverheiratete Paare gleichzeitig Elternteil des Kindes sein.

Das Recht auf gleichzeitige Adoption eines fremden Kindes haben seit Einführung der Ehe für alle im Oktober 2017 auch homosexuelle Paare, sofern diese verheiratet sind. Sie müssen nicht mehr nacheinander adoptieren (siehe § 174 Abs. 2 Satz 2. BGB). Einen Unterschied zwischen den sogenannten Regenbogenfamilien und Familien mit verschiedengeschlechtlichen Eltern besteht bisher noch im Abstammungsrecht, also auch der rechtlichen Absicherung der Kinder. Kinder mit verschiedengeschlechtlichen Eltern haben von Geburt an zwei rechtliche Elternteile, auch wenn hierfür eine fremde Samenspende erforderlich war. Auch die Vaterschaftsanerkennung und die gemeinsame Sorge kann vor der Geburt des Kindes erfolgen, auch wenn die verschiedengeschlechtlichen Partner unverheiratet sind, womit das Kind von Geburt an zwei rechtliche Elternteile hat.

Das gilt nicht bei Regenbogenfamilien: wenn in einer lesbischen Ehe eine Partnerin mit Hilfe einer künstlichen Befruchtung Mutter geworden ist, gilt nur sie als rechtlicher Elternteil. Lebenspartner und gleichgeschlechtliche Ehepartner können das leibliche Kind des Partners adoptieren, damit die bestehende Eltern-Kind-Beziehung rechtlich abgesichert ist. Also von einem rechtlichen Elternteil zu zwei rechtlichen Elternteilen. Dieses Verfahren nennt man Stiefkindadoption und kann unterschiedlich lange dauern, meist mehrere Monate. Oft kann dies auch recht kostspielig sein. Antrag beim Familiengericht, das dann beim Jugendamt ein Gutachten über die Überprüfung der Eignung des Adoptivelternteils anfordert. Diese Art der Adoption gibt es auch bei heterosexuellen Paaren, wenn ein Elternteil neu heiratet und ein Kind mit in diese Ehe bringt.

Noch vor der Homo-Ehe hatten gleichgeschlechtliche Paare in einer eingetragenen Lebenspartnerschaft (seit 2004) die Möglichkeit einer Stiefkindadoption. Also beispielsweise die nicht-biologische Mutter das Kind ihrer eingetragenen Lebenspartnerin in einer Stiefkindadoption annehmen und damit die vollen Elternrechte und Elternpflichten erhalten.

Ab 2014 haben Lebenspartner die Möglichkeit der Sukzessivadoption, was rechtlich gesehen einer gemeinschaftlichen Adoption recht nahekommt. Beide Partner können das Kind nacheinander adoptieren. Hat nur ein Partner das Kind adoptiert, ist die rechtliche Beziehung des anderen Partners zum Kind nicht abgesichert. Bei der sukzessiven Adoption kann in direkt aufeinanderfolgenden Gerichtsverfahren die Adoption erfolgen oder erst einige Monate später.

Adoptieren dürfen auch Alleinstehende, beispielsweise ein verwandtes Kind oder wenn das Kind schon länger wie in einer Eltern-Kind-Beziehung bei ihnen gelebt hat. Bei schwulen Eheleuten ist es um einiges komplizierter. Selbst können sie nicht schwanger werden und die Leihmutterschaft ist in Deutschland nicht erlaubt.

Trotzdem ist es auch heute noch so: bekommt eine lesbische Frau in der Homo-Ehe ein Kind, gilt nur sie als Mutter, die Partnerin muss das Kind aufwendig adoptieren, eine Stiefkind-Adoption. In einer Ehe zwischen Mann und Frau ist jedoch der Mann, mit dem die gebärende Frau in der Ehe verheiratet ist, automatisch der Vater des Kindes, was in § 1592 des Bürgerlichen Gesetzbuchs (BGB) geregelt ist. Gegenstand der Abstammungsregeln dieses Paragrafen ist die Eltern-Kind-Zuordnung zu einer Mutter und einem Vater, also verschiedengeschlechtliche Elternteile. Eine Lösung wäre eine Reform des Abstammungsrechts, also die „Mit-Mutter" rechtlich abzusichern, ohne dass eine Adoption erfolgen müsste, auch wenn sie biologisch gesehen nicht leiblicher Elternteil des Kindes sein kann.

Leider gibt es auch heute noch veraltete Ansichten darüber, dass es Kindern mit schwulen oder lesbischen Eltern schlechter gehen würde. Viele haben auch die Meinung, dass Kinder immer eine Mutter und einen Vater brauchen, also keinesfalls gleichgeschlechtliche Eltern. Auch was die spätere sexuelle Orientierung des Kindes angeht, herrscht das Vorurteil vor, dass Kinder aus einer gleichgeschlechtlichen Ehe selbst auch irgendwann schwul oder lesbisch werden. Hierfür gibt es aber keine Belege. Kinder aus Regenbogenfamilien entwickeln sich ebenso wie Kinder aus heterosexuellen Familien. Die sexuelle Orientierung der Eltern nimmt keinen Einfluss auf die spätere Orientierung des Kindes. Ein weiterer Punkt, der immer wieder gegen das Adoptionsrecht für Homosexuelle spricht: es gibt immer mehr adoptionswillige Paare, wohingegen die Anzahl der Kinder vergleichsweise geringer ist. Gegner fordern hier, heterosexuellen Paaren den Vortritt zu geben.

Man beobachtet immer wieder, dass das Kindeswohl auch bei Regenbogeneltern an oberster Stelle steht. Die Kinder entwickeln sich normal, sie sind nicht verunsichert oder emotional instabil. Kinder in Regenbogenfamilien sind aufgeschlossener, offener und toleranter. Dadurch, dass Regenbogenfamilien ihre Kinder auf mögliche Gehässigkeiten und Diskriminierungen vorbereiten, die ihnen vielleicht irgendwann entgegenschlagen könnten, sind die Kinder gestärkter, haben oft ein höheres Selbstwertgefühl.

Früher konnten Schwule und Lesben nur als Einzelperson ein Kind adoptieren, dem Partner wurde nur ein sogenanntes kleines Sorgerecht oder Notsorgerecht eingeräumt. Dies gilt auch heute noch, zumindest solange, bis die Stiefkindadoption erfolgt. Das kleine Sorgerecht hat nur der Ehegatte oder Lebenspartner, der mit dem Kind zusammenlebt. Das bedeutet, dass der Partner im Einvernehmen mit dem sorgeberechtigten Elternteil bei Angelegenheiten des täglichen Lebens des Kindes mitentscheiden darf, was aber auch bedeutet, dass der rechtliche Elternteil auch widersprechen darf. Hierzu gehören beispielsweise die tägliche Betreuung und Versorgung des Kindes, Alltagsfragen im schulischen Leben und in der Berufsausbildung sowie Entscheidungen in der gewöhnlichen medizinischen Versorgung. Das kleine Sorgerecht kann vom Familiengericht ausgeschlossen oder eingeschränkt werden, wenn es zum Wohl des Kindes erforderlich ist.

Das kleine Sorgerecht sollte man nicht verwechseln mit dem Notsorgerecht. Durch das Notsorgerecht kann der Ehegatte oder Lebenspartner bei Gefahr im Verzug alle Rechtshandlungen vornehmen, wenn dem Wohl des Kindes Schaden droht. Der sorgeberechtigte Elternteil ist sofort darüber zu unterrichten. Hierzu zählen vor allem unaufschiebbare und dringende ärztliche Behandlungen. Das Notsorgerecht kann nicht vom Familiengericht eingeschränkt werden.

Wer sich für eine Adoption entscheidet, findet nachfolgend einen kleinen Ratgeber.

Wer vermittelt eigentlich Adoptionen?

- Das Jugendamt, genauer gesagt deren Adoptionsvermittlungsstellen,
- anerkannte Adoptionsvermittlungsstellen freier Träger.

Wieviel kostet eine Adoption?

Hier entstehen unterschiedliche Kosten, die einige Hundert Euro betragen können:

Notarkosten in Höhe von 110,00 bis 150,00 Euro (für Beurkundung des Adoptionsantrags der Co-Mutter, Erklärung mitsamt Übermittlung, Kopien, Beurkundung der Einwilligung der leiblichen Mutter und des biologischen Vaters und eventuell auch die Erklärung über die Nichtteilnahme des biologischen Vaters am Adoptionsverfahren sowie die gesetzliche Umsatzsteuer,

Familiengericht. Bei Adoption minderjähriger Kinder fallen keine Gerichtsgebühren an.

Welche Voraussetzungen müssen für eine Adoption erfüllt sein?

- Alle Beteiligten müssen mit der Adoption einverstanden sein, also das Kind, die künftigen Adoptiveltern und die leiblichen Eltern, wobei das Kindeswohl immer im Mittelpunkt steht.

- Die Bewerber müssen über ein einwandfreies polizeiliches Führungszeugnis verfügen.
- Das Alter der Elternteile ist im Bürgerlichen Gesetzbuch (BGB) geregelt: ein Partner muss mindestens 25 Jahre, der andere mindestens 21 Jahre alt sein. Das Alter 21 Jahre gilt auch, wenn ein Partner das Kind seines Ehegatten annehmen möchte. Bei Alleinstehenden gilt ein Mindestalter von 25 Jahren.
- Die Adoptiveltern sollten über ein festes und ausreichendes Einkommen verfügen.
- Bei Paaren, die keine eigenen Kinder bekommen konnten und/oder können, sollte es neben der Adoption keine medizinischen Versuche einer Befruchtung geben. Diese Planung sollte abgeschlossen sein und keinesfalls neben einer Adoption stattfinden.
- Das Jugendamt prüft, ob dem Kind genügend Wohnraum zur Verfügung steht.
- Ein Gesundheitszeugnis vom Gesundheitsamt muss vorgelegt werden: die Adoptiveltern müssen dem Kind bis über die Pubertät hinaus als belastbare Bezugspersonen zur Verfügung stehen, also seelisch, körperlich und geistig in guter Verfassung sein.
- Das Jugendamt betrachtet auch das Umfeld der künftigen Adoptiveltern. Ein unterstützendes Umfeld sollte vorhanden sein, damit das Kind langfristig betreut und versorgt ist.
- Wer sich für eine Adoption entscheidet, muss beim Jugendamt einige Fragen bezüglich seiner Persönlichkeit, seinem bisherigen Leben und der familiären Situation beantwoten, wobei die wichtigste Frage die nach der Motivation einer Adoption sein dürfte. Dies kann bis zu einem Jahr in Anspruch nehmen, man spricht hier von der Eignungsfeststellung. Herausfinden möchte das Jugendamt auch, ob die Adoptiveltern unter psychologischen Gesichtspunkten zum Adoptivkind passen.

Eine Stiefkindadoption ist bei homosexuellen Paaren immer notwendig. Damit dieses Verfahren in Gang kommt, muss beim Familiengericht ein notariell beurkundeter Antrag eingereicht werden. Dafür müssen folgende Unterlagen vorgelegt werden:

- Adoptionsantrag in Ausfertigung,
- Erforderliche Einwilligung in Ausfertigung,
- Geburtsurkunden des Adoptivelternteils und des Kindes,
- Heiratsurkunde oder Lebenspartnerschaftsurkunde,
- Ärztliches Gesundheitszeugnis bezüglich des Adoptivelternteils und des Kindes,
- Nachweise der Staatsangehörigkeit des Adoptivelternteils und des Kindes,
- Polizeiliches Führungszeugnis des Adoptivelternteils.

Nach § 26 Gesetz über das Verfahren in Familiensachen und in Angelegenheiten der freiwilligen Gerichtsbarkeit (FamFG) prüft das Familiengericht anschließend die Adoptionsvoraussetzungen und die Eignung der Adoptionseltern, was bedeutet, dass es das Jugendamt damit beauftragt, eine gutachterliche Stellungnahme anzufertigen. Das heißt, dass die Eltern viel Papierkram erledigen müssen: Fragebögen und Schreiben, in dem von beiden Elternteilen ein ausführlicher Lebensbericht erstellt wird, mit Angaben zu Kindheit, Schul- und Berufsausbildung, Erziehung, Verhältnis zu Eltern und Geschwistern, Partnerschaft, Berufstätigkeit, Freizeitgestaltung. Vor Gericht werden auch alle Beteiligten persönlich angehört.

Es klingt unfair, da dies bei heterosexuellen Paaren nur so praktiziert wird, wenn ein Partner ein Kind mit in die neue Ehe bringt. Bei heterosexuellen Paaren gilt selbst der nicht biologische Mann der Gebärenden als Vater des Kindes, wenn sie zum Zeitpunkt der Geburt verheiratet waren. Dies gilt bei gleichgeschlechtlichen Paaren nicht, auch wenn das Kind gewollt und gemeinschaftlich geplant ist und in einer Ehe zur Welt kommt. Unverheiratete heterosexuelle Paare können ein Kind schon vor der Geburt als rechtliches Kind anerkennen, wobei gleichgeschlechtliche Paare diese Option nicht haben.

Abhilfe könnte, zumindest bei lesbischen Paaren, die Umformulierung oder Ergänzung des § 1592 BGB (Abstammungsregeln) bringen. Laut ihm gilt der Ehemann als zweiter rechtlicher Elternteil des Kindes, gleichgültig ob er tatsächlich der biologische Vater ist oder nicht. Wenn man sich nicht an der Benamung Mit-Mutter stört, könnte eine Ergänzung lauten: „Mit-Mutter eines Kindes ist die Frau, die zum Zeitpunkt der Geburt mit der leiblichen Mutter des Kindes verheiratet ist oder mit ihr eine eingetragene Lebenspartnerschaft besteht." Schwule Paare haben es hier sogar um einiges schwerer. Auch wenn einer von ihnen der biologische Vater ist, steht der Mutter des Kindes das Sorgerecht zu. Um dem biologischen Vater Rechte einzuräumen, müsste die Mutter dem geteilten Sorgerecht zustimmen. Erst dann kann der Partner des biologischen Vaters das Kind als eigenes annehmen, und zwar durch Stiefkindadoption,

womit er dem leiblichen Vater gleichgestellt wäre. Hiermt würde die Mutter jedoch ihre Verwandtschaftsverhältnisse zum Kind rechtlich abgeben. Sollte sie dies aber nicht tun, hat der Partner des biologischen Vaters keine Rechte. Schwule Paare gehen daher meist den Weg, Pflegekinder aufzunehmen.

Samenspende

Bei der Samenspende unterscheidet man drei Möglichkeiten, wie es zur Befruchtung kommt. Nachfolgend möchte ich Euch einen kleinen Einblick geben und etwas genauer erklären, was dahintersteckt. Grundsätzlich gilt, hier immer auch die Entscheidung darauf auszurichten, ob das Kind später wissen soll, wer der Vater ist, ob der biologische Vater in die Erziehung mit eingebunden oder ob es eine anonyme Samenspende sein soll. Vertraglich sollten alle Beteiligten auch festhalten, ob der Samenspender später Alimente zahlen soll. Je besser man im Vorfeld Absprachen trifft, umso weniger Fragen oder Streitigkeiten tauchen später auf.

1. Insemination

Dies ist der beliebteste Weg, um ein eigenes Kind auszutragen, da das Abstammungsrecht in Deutschland nicht geregelt ist und bisher noch nicht an die Bedürfnisse von gleichgeschlechtlichen Paaren angepasst wurde. Meist sucht sich das lesbische Paar den Samenspender im Bekannten- und Freundeskreis. Gelegentlich wird auch der Samen des Bruders einer Frau genutzt, damit das Kind genetisch eng mit der Partnerin der künftigen Schwangeren verwandt ist. In

einigen Ländern, zu denen Deutschland aber
bisher leider nicht gehört, übertragen Ärzte
das befruchtete Ei einer lesbischen Frau auf
ihre Partnerin. Normalerweise benötigt man
bei einer heterologen Insemination keinen Arzt.
In intimer Atmosphäre wenden die Frauen
daheim die sogenannte Bechermethode an,
bei der der Samen mit einer Einwegspritze
oder Portiokappe in die Scheide vor den
Muttermund gebracht wird. Einen Arzt braucht
es nur, wenn bei den Frauen der Zyklus sehr
unregelmäßig ist oder Fertilitätsstörungen vorliegen. Hier sollte auf jeden Fall vorher geklärt
sein, ob der biologische Vater auch in die
Erziehung mit eingebunden sein soll oder nicht.

2. Kinderwunschpraxen und Samenbanken in Deutschland

Gerne nutzen lesbische Paare Kinderwunsch-
praxen oder Samenbanken, da diese Art der
Kinderwunscherfüllung die Anonymität sicher-
stellt und somit keine Vaterrechte des Samenspenders geltend gemacht werden können.
Ein weiterer Grund, warum Frauen diesen
Weg bevorzugen ist, dass sichergestellt werden kann, dass der Samenspender keine
Krankheiten hat. Es ist noch nicht so lange
her, dass dies bei gleichgeschlechtlichen
Paaren von Seiten der Bundesärztekammer
her nicht zulässig war. Heute gibt es kaum
noch Ablehnung oder Vorbehalte. Bei den
Samenspendern gibt es immer die sogenannten „Ja-Spender" und „Nein-Spender", was
bedeutet: bei Ja-Spendern erfahren die
Mütter den Namen des Samenspenders nicht,
aber die Kinder können später über die
Samenbank mit ihrem biologischen Erzeuger
Kontakt aufnehmen. Bei Nein-Spendern erfahren weder die Mütter noch die Kinder des

Samenspenders seinen Namen, womit auch
keiner der Beteiligten Kontakt zu ihm aufnehmen kann.

3. Kinderwunschpraxen und Samenbanken im Ausland

Auch hier gibt es Ja- und Nein-Spender. Bisher
konnten sich die Frauen jedes gewünschte
Sperma an eine deutsche Kinderwunschpraxis
liefern lassen, die das Sperma bis zum Zeitpunkt der Selbst-Insemination in ihren Kühlvor-
richtungen einlagert. Am 01.07.2018 ist jedoch
das Samenspenderregistergesetz (SaRegG) in
Kraft getreten, wonach deutsche Kinder-
wunschpraxen nur Sperma ausländischer
Samenbanken nutzen dürfen, wenn sichergestellt ist, dass Daten des Spenders zur Identi-
fizierung dem Deutschen Institut für Medizinische Dokumentation und Information zur
Verfügung gestellt werden.

Deshalb lassen sich Frauen ausländisches Sperma zuschicken, um es dann zu Hause ausreichend gekühlt (in Stickstoffbehältern, die man
beispielsweise von Firmen erhält, die tierischen
Samen importieren oder exportieren) selbst so
lange zu lagern, bis es benötigt wird, also bis
zum Eisprung. Dieser Weg ist nicht immer billig,
die Lieferung von Samen kann bis zu 200 Euro
kosten, plus bis zu 400 Euro für einen Stickstoff-
behälter.

4. Spenderportale

Ausländische Spenderportale sind recht teuer.
Als Alternative stehen deshalb für einige lesbi-
sche Paare Spenderportale zur Verfügung.
Hier müssen die Frauen auf die Angaben der
Spender bezüglich ihrer Erkrankungen ver-
trauen, die nicht kontrollierbar sind. Zumindest

sieht man Profile mit Vorname und E-Mail-Adresse, anhand derer sich die Frauen den für sie geeigneten Spender heraussuchen und Kontakt aufnehmen können. Das sind auch die einzigen Angaben, die das Kind später nutzen kann, um mit dem biologischen Erzeuger Kontakt aufzunehmen. Wenn die Frauen ihren Spender herausgesucht haben, nehmen sie Kontakt auf, sprechen die Kosten und den Treffpunkt ab. Die Beteiligten treffen sich dann, der Spender überlässt der/den Frau(en) den Samen, die ihn mit Hilfe der Bechermethode einführen. Damit die Co-Mutter das Kind später adoptieren kann, muss sie angeben können, woher das Spendersperma stammt.
Es sollte auch ein Nachweis vorgelegt werden können, dass der Spender auf seine Vaterschaft verzichtet.

Leihmutterschaft

Da es immer mehr adoptionswillige Paare gibt, denen eine geringere Anzahl zur Adoption stehender Kinder gegenübersteht, gibt es Paare, die den Weg der Leihmutterschaft im Ausland beschreiten. Vor allem schwule Paare sehen hierin den besten Weg, ein Kind in ihre Familie einzubinden. Da die Leihmutterschaft in Deutschland aber gesetzlich nicht erlaubt und keine Rahmenbedingungen gegeben sind, kann man auch hier auf Stolpersteine stoßen. Ein im Ausland geschlossener Vertrag zur Leihmutterschaft begründet nicht wirklich die rechtliche Elternschaft in Deutschland. Bei uns gilt die Frau als Mutter, die das Kind ausgetragen und geboren hat. Ist sie verheiratet, gilt ihr Mann als Vater des Kindes, weshalb der Wunschvater nach unserem Recht die Vaterschaft nicht anerkennen kann. Das wiederum bedeutet, dass das Kind der Leihmutter keine deutsche Staatsbürgerschaft besitzt und es aufgrund eines fehlenden deutschen

Reisepasses vielleicht zu Schwierigkeiten bei der Einreise nach Deutschland kommen könnte. Jedes Land, in der eine Leihmutterschaft zulässig ist, hat eine eigene Regelung, zur Vergabe von Leihmüttern, deren Absicherung und ob sie in ihrem Land ausgebeutet werden oder nicht. Man muss bedenken, dass eine Leihmutterschaft nicht gerade billig ist. Je nachdem, für welches Land man sich entscheidet, in der dies gesetzlich erlaubt ist, können die Kosten zwischen 50.000 und 160.000 Euro betragen.

Wer trägt eigentlich die Kosten einer Kinderwunschbehandlung?

Krankenkassen

Auch wenn die Krankenkassen laut den Beihilfevorschriften des Bundes und der Bundesländer eigentlich nur bei verschiedengeschlechtlichen verheirateten und unverheirateten Paaren die Kosten medizinischer Maßnahmen zur Herbeiführung einer Schwangerschaft von bis zu 50% übernehmen, können gleichgeschlechtliche Paare versuchen, zumindest bei ihrer privaten Krankenversicherung ihre Ansprüche geltend zu machen. Mittlerweile gibt es hier auch keine Unterscheidung mehr zwischen Eigen- und Fremdsamen.

Einkommensteuerrecht

Es ist erfreulich, dass der Bundesfinanzhof (BFH) entschieden hat, dass auch gleichgeschlechtliche Paare einen Anspruch darauf haben, die Kosten für eine künstliche Befruchtung steuerlich absetzen zu dürfen, als außergewöhnliche Belastungen. Begründet wird diese Entscheidung damit, dass eine künstliche Befruchtung bei Unfruchtbarkeit als Heilbehandlung zählt. Aber auch bei homosexuellen Paaren für heterologe künstliche Befruchtungen, also durch einen fremden bzw. anonymen Samenspender. Das gilt für empfängnisunfähige und unfruchtbare Frauen, wobei es keinen Unterschied macht, ob die Frau in einer heterosexuellen oder homosexuellen Partnerschaft lebt. Die Kosten können als außergewöhnliche Belastung im Sinne des § 33 Abs. 1 des Einkommensteuergesetzes (EStG) geltend gemacht werden, zumindest der Teil, der die sogenannte zumutbare Belastungsgrenze überschreitet. Diese wird errechnet anhand aller Einkünfte, des Familienstandes und der Anzahl der Kinder. Voraussetzung ist nur, dass die Behandlung nicht gegen das deutsche Embryonenschutzgesetz (ESchG) verstößt.

Unterhaltspflichten

Um spätere Streitigkeiten zu vermeiden, sollte am besten noch vor der Geburt eine Vereinbarung mit entsprechenden Regelungen zu Unterhaltspflichten aller Beteiligten verfasst werden.

Der Samenspender

Wenn der Samenspender die Vaterschaft nicht anerkennt, ist er weder dem Kind noch der Mutter gegenüber unterhaltspflichtig. Dies könnte nur durch die Beantragung beim Familiengericht einer Feststellung der Vaterschaft erfolgen. Das wird aber mit Sicherheit kein Beteiligter anstreben. Sinn und Zweck der Samenspende ist ja, dass beide Frauen in ihrer Partnerschaft oder Ehe die rechtlichen Eltern des Kindes werden und der Samenspender hier keine Unterhaltsansprüche zahlen muss. Rechtliche Sicherheit kann eine Elternschaftsvereinbarung geben, in der der Samenspender in eine Stiefkindadoption (am besten schon während der Schwangerschaft) einwilligt. Was könnte schon im Vorfeld schriftlich festgelegt werden, um rechtliche Sicherheiten zu schaffen? Der Samenspender könnte sich oder seine Rechte schützen, indem er formuliert, dass er sich bis zur Stief-

kindadoption oder auch danach am Unterhalt des Kindes beteiligen wird oder auch nicht. Was den Unterhalt gegenüber der Frau anbelangt, kann die Co-Mutter den Samenspender davon freistellen.

Co-Mutter

Die nicht biologische Mutter ist bis zur Stiefkindadoption nicht unterhaltspflichtig. Das wird sie erst, wenn sie das Kind adoptiert und somit rechtlich zum zweiten Elternteil wird. Das ist anders wie bei heterosexuellen Paaren, hier gilt der Mann als rechtlicher Vater, der zum Zeitpunkt der Geburt mit der leiblichen Mutter zusammen war. Auch wenn er nicht der biologische Vater des Kindes ist. Die Unterhaltspflicht einer Co-Mutter zum nicht biologischen Kind kann aber eventuell doch geltend gemacht werden, wenn sich beide Mütter noch vor der Stiefkindadoption trennen sollten. Grundlage hierfür ist ein Urteil des Bundesgerichtshofs vom 23.09.2015, da die Co-Mutter ihre Einwilligung zur Zeugung des Kindes gegeben hat und beide Mütter in die Vorbereitungen hierfür involviert waren. Dann müsste die Co-Mutter für den Unterhalt des Kindes einstehen und eventuell auch noch der leiblichen Mutter Betreuungsunterhalt zahlen. Hierfür wäre aber ein Umgangsrecht der nicht biologischen Mutter Voraussetzung.

Vorsorge / Sorgerecht

Mütter

Bis zur Stiefkindadoption steht der Partnerin der biologischen Mutter nur das kleine Sorgerecht oder das Notsorgerecht zu, aber auch nur, wenn sie mit der Mutter zusammenwohnt. Im Einvernehmen mit der biologischen Mutter darf die Co-Mutter Angelegenheiten des täglichen Lebens des Kindes mit entscheiden, auch bei Gefahr im

Verzug Rechtshandlungen vornehmen, die zum Wohl des Kindes notwendig sind. Hierzu zählen beispielsweise dringende, nicht aufschiebbare ärztliche Untersuchungen. Erst mit vollzogener Stiefkindadoption sind beide Mütter rechtlich gemeinschaftliche Eltern des Kindes, weshalb sie dann auch das gemeinschaftliche Sorgerecht haben. Es ist kein schönes Thema, aber man sollte Vorkehrungen treffen, falls die gebärende Partnerin stirbt, damit die Co-Mutter nicht als Vormund übergangen wird. Hier eignet sich ein handschriftliches Testament zur Bestimmung des Vormundes, mit Ort, Datum und Unterschrift.

Samenspender

Immer hat die Mutter die alleinige Sorge, auch wenn der Samenspender seine Vaterschaft anerkannt hat oder diese gerichtlich festgestellt wurde. Der Spender hat jedoch die Möglichkeit, das gemeinsame Sorgerecht beim Familiengericht zu beantragen, wenn die Frau dies eigentlich nicht wünscht. Sind sich die Parteien einig, können Mutter und biologischer Vater vor dem Jugendamt beziehungsweise dem Standesamt (gebührenfrei) oder dem Notar beziehungsweise dem Familiengericht (kostenpflichtig) erklären, dass sie die Sorge gemeinsam übernehmen wollen. Möglich ist auch, dass beide Mütter nach der Stiefkindadoption dem Samenspender Vollmachten für die tägliche Sorge ausstellen. Keinerlei Rechte hat der Samenspender, der seine Vaterschaft nicht anerkannt hat oder dessen Vaterschaft nicht gerichtlich festgestellt wurde. Auch nach einer erfolgten Stiefkindadoption, bei der sein biologisches Kind von der Co-Mutter adoptiert wurde, kann der Mann nicht mehr auf die Feststellung seiner Vaterschaft bestehen.

Vereinbarungen im Vorfeld schriftlich festlegen

Egal, für welche Form der Erfüllung des Kinderwunsches man sich entscheidet, wichtig ist immer, genauestens festzulegen, wie die Vaterschaft, die Rechte und erzieherische Mitwirkung aller Beteiligten am Kind zukünftig verteilt ist. Soll es eine Beschränkung auf die Samenspende mit keinen Verpflichtungen sein oder sollen von Seiten des Samenspenders Unterhaltsansprüche gelten? Viele Menschen nehmen eine Samenspende oft auf die leichte Schulter und sind in jeglicher rechtlichen Absicherung eher unbekümmert, was sich mit der Zeit sicherlich rächen kann. Nachfolgend habe ich einige Tipps zusammengetragen, für jeden Weg der Kinderwunschverwirklichung, für den man sich entscheiden kann. Welcher Weg auch immer, eine Vereinbarung gilt vor Gericht als Beweismittel dafür, welche Bestimmungen die Beteiligten beschließen, immer mit Blick auf das Wohl des Kindes.

Wenn ein lesbisches Paar den Weg wählt, sich den Kinderwunsch gemeinsam mit einem schwulen Mann oder Paar zu verwirklichen, so geschieht dies eigentlich meist mit dem Hintergedanken, gemeinsam das Kind groß zu ziehen. Also zwei Mütter, ein oder zwei Väter. Hier muss nur vorher geklärt sein, wer neben der leiblichen Mutter der zweite rechtliche Elternteil sein wird. Entweder die Co-Mutter durch die Stiefkindadoption oder der Samenspender, wenn er zuvor seine Vaterschaft anerkannt hat. In einer Vereinbarung kann auch festgehalten werden, wie das Umgangsrecht aller Beteiligten geregelt ist. Hier kann auch geregelt sein, dass der biologische Vater überhaupt kein Umgangsrecht haben soll, wenn es nicht dem Wohl des Kindes dient.

Wenn ein lesbisches Paar einen Samenspender aus dem privaten Umfeld wählt, sollten auf jeden Fall die Unterhaltsansprüche geregelt sein. Soll der Samenspender finanziell in die Pflicht genommen oder hiervon freigestellt werden. Möchte der Samenspender keinerlei Verpflichtungen haben, sollte dies auf jeden Fall schriftlich fixiert werden.

Wie funktioniert eigentlich eine Adoption?

Antrag auf Stiefkindadoption

Man sollte wissen, dass die Mutter in ihrer Eigenschaft als rechtlicher Elternteil des Kindes erst acht Wochen nach der Geburt in die Adoption einwilligen kann. Die Co-Mutter muss durch einen Antrag auf Stiefkindadoption beim Familiengericht das Verfahren einleiten, um auch rechtlicher Elternteil des Kindes zu werden. Der notariell beurkundete Antrag wird vom Notar an das zuständige Familiengericht übersendet. Zudem benötigt man notariell beurkundete Einwilligungen von

1. der Mutter (dreifach)
   - als rechtlicher Elternteil des Kindes (§ 1747 Abs. 1 Satz 1 BGB),
   - als Ehefrau oder Lebenspartnerin der Annehmenden (§ 1749 Abs. 1 BGB) und
   - als rechtliche Vertreterin ihres eigenen Kindes (§ 1746 BGB)

2. dem Samenspender; hierzu zählen früherer Ehemann oder Partner der leiblichen Mutter. Er kann seine Einwilligung entweder zusammen mit den Müttern oder getrennt von ihnen beim Notar beurkunden lassen. Das kann er auch schon während der Schwangerschaft der Mutter tun.

Sobald der Antrag auf Stiefkindadoption beim Familiengericht eingegangen ist, wird es das Jugendamt zu einer Stellungnahme auffordern. Dies erfolgt durch einen Hausbesuch des Jugendamtes bei den Müttern.

Man fragt sich schon, warum es der Einwilligung in die Stiefkindadoption des Samenspenders eigentlich bedarf. So soll sichergestellt werden, dass der Samenspender eventuell die Feststellung seiner Vaterschaft beantragt. Laut § 7 Abs. 4 FamFG muss das Familiengericht den Samenspender grundsätzlich informieren, weshalb es Namen und Anschrift des Samenspenders ermitteln muss. Beide Mütter müssen laut § 27 FamFG an der Aufklärung mitwirken und ihre Erklärungen vollständig und wahrheitsgemäß abgeben, da ansonsten die Stiefkindadoption abgelehnt werden kann.

Beide Frauen sollten den Samenspender darauf hinweisen, dass seine personenbezogenen Daten für die Stiefkindadoption benötigt werden und der Samenspender auch nicht unterhaltspflichtig wird. Es besteht jedoch auch die Möglichkeit, dass der Spender, wenn er keine Übermittlung seiner Daten wünscht, einen Notar anweist, nicht die notarielle Einwilligung an das Familiengericht zu übersenden, sondern lediglich die Information, dass der Notar die Einwilligung des biologischen Vaters beurkundet hat. So ist der Samenspender später nicht am Adoptionsverfahren beteiligt. Wenn das Sperma von einer Samenbank stammt, sollte sie auch im Adoptionsantrag entsprechend mit Name, Adresse und der Rechnungsnummer aufgeführt werden. Ähnlich verhält es sich, wenn die Frauen einen anonymen Spender vom Spenderportal für die Samenspende genutzt haben. Die Frauen sollten schon im Adoptionsantrag erwähnen, dass sie versucht hatten, mit dem Samenspender in

Kontakt zu treten, um ihn zu bitten, die Einwilligung in die Stiefkindadoption notariell beurkunden zu lassen oder über einen Notar dem Familiengericht mitteilen zu lassen, dass er die Einwilligung beurkundet hat, der Samenspender jedoch nicht am Adoptionsverfahren beteiligt sein will. Sollte der Samenspender nicht reagieren, sollte vermerkt sein, dass anzunehmen ist, dass er mit dem Kind nichts zu tun haben möchte. Die Frauen müssen im Adoptionsantrag angeben, wie sie den Samenspender kennengelernt haben, den Vornamen, Nickname oder die E-Mail-Adresse angeben, wie es zum Treffen kam und dass der Samenspender keinerlei Kontakt wünscht.

Wenn der Samenspender seine Vaterschaft doch noch anerkennen beziehungsweise feststellen lassen will, sollte ihm die Mutter mitteilen, dass sie der Vaterschaftsanerkennung nicht zustimmen wird, da die Co-Mutter durch Stiefkindadoption, wie abgesprochen, rechtlicher Elternteil werden soll. Ein Druckmittel könnte die Androhung eines Antrages auf Erlass einer einstweiligen Anordnung zur Zahlung des Unterhalts für das Kind und die Mutter sein. Die Unterhaltspflicht für die Mutter besteht für mindestens drei Jahre nach der Geburt, wenn sie wegen der Erziehung oder Pflege des Kindes keiner Erwerbstätigkeit nachgehen kann. Lässt sich der Samenspender hiervon nicht beeindrucken, kann die Mutter einer gemeinsamen Sorge widersprechen, mögliche Begründung: das Kind ist in ihre Familie integriert und das Wohl des Kindes wäre durch sein Einmischen beeinträchtigt. Die Mutter muss das alleinige Sorgerecht durchsetzen, dann bei der Stiefkindadoption beantragen, die Einwilligung des Vaters zu ersetzen. Sie könnte anführen, dass das Unterbleiben der Annahme dem Kind zu unverhältnismäßigem Nachteil gereichen könnte.

Als nächstes folgt die Stellungnahme des Jugendamtes. Dass überhaupt die Eignung der Co-Mutter beleuchtet wird, ist vermessen. Bei einer Mann-Frau-Beziehung ist noch nicht einmal von Belang, ob der Adoptierende auch wirklich der biologische Vater ist. Eigentlich ist die Stiefkindadoption dafür da, wenn ein neuer Partner in die Familie stößt und das Kind adoptieren möchte und nicht, damit die Eignung von gleichgeschlechtlichen Frauen untersucht wird, wenn das Kind als Wunschkind in die Partnerschaft hinein geboren wurde. Auch wenn es keine Stiefkindadoption gibt, wird das Kind ohnehin weiter in der Familie aufwachsen. Die Adoption stärkt eigentlich nur die elterliche Rolle der Co-Mutter.

Warum sollen gleichgeschlechtliche Eltern auf Gesundheit, Vermögensverhältnisse oder polizeilichen Leumund hin überprüft werden? Und warum dauert es meist ein Jahr (Probejahr), bis die Stiefkindadoption durchgewunken wird? Auf jeden Fall wird das Jugendamt einen Hausbesuch machen, um das Umfeld des Kindes genauer zu betrachten.

Adoption durch einen ausländischen Partner

Grundsätzlich unterscheidet man bei Adoptionen zwischen 3 Fällen, geregelt in Art. 22 Einführungsgesetz zum Bürgerlichen Gesetzbuch (EGBGB).

- **Satz 1**
  Die Annahme eines Kindes durch eine ledige Person unterliegt dem Recht des Staates, dem der Annehmende zum Zeitpunkt der Adoption angehört (Personalstatut).
- **Satz 2**
  Die Annahme eines Kindes durch verheiratete Personen unterliegt dem Recht, das nach Art. 14 Abs. 2 Einführungsgesetz zum Bürgerlichen

Gesetzbuch (EGBGB) für die allgemeinen Wirkungen der Ehe maßgebend ist (Ehewirkungsstatut).

- **Satz 3**
  Die Annahme eines Kindes durch einen Lebenspartner unterliegt dem Recht, das nach Art. 17b Abs. 1 Satz 1 Einführungsgesetz zum Bürgerlichen Gesetzbuch (EGBGB) für die allgemeinen Wirkungen der Lebenspartnerschaft maßgebend ist.

Adoption durch ausländischen Lebenspartner

Sie unterliegt dem Recht des Staates, in dem die Lebenspartnerschaft begründet wurde. Es ist nach Art. 17 B Abs. 1 Satz 1 Einführungsgesetz zum Bürgerlichen Gesetzbuch (EGBGB) geregelt, falls das Heimatland des ausländischen Partners keine Lebenspartnerschaft oder keine (Stiefkind-) Adoption kennt. Das heißt, dass bei einer in Deutschland geschlossenen Lebenspartnerschaft die Adoption deutschem Recht unterliegt, egal welche Staatsangehörigkeit der ausländische Partner hat. Und: wurde die Lebenspartnerschaft im Ausland geschlossen, unterliegt die Adoption dem Recht des Landes, in dem die Lebenspartnerschaft geschlossen wurde, außer dieses Land kennt keine Adoption durch Lebenspartner (siehe oben): dann ist deutsches Recht anzuwenden.

Adoption durch ausländischen gleichgeschlechtlichen Ehegatten

Seitdem gleichgeschlechtliche Ehen heterosexuellen Ehen angeglichen wurden, unterliegen die Regelungen einer Adoption Satz 2 (siehe Seite 145 unten). Das bedeutet, dass es dem Recht des Staates unterliegt, in dem die Eltern zum Zeitpunkt der Geburt des Kindes ihren gewöhnlichen Aufenthaltsort hatten.

Welchen Namen trägt das Kind?

Wird das Kind in eine gleichgeschlechtliche Ehe oder Lebenspartnerschaft hineingeboren, erhält es den Namen (auch Doppelname) der leiblichen Mutter zum Zeitpunkt der Geburt. Bei der Stiefkindadoption bekommt das Kind den Ehe- oder Lebenspartnerschaftsnamen ohne den Begleitnamen, den Mutter und Partnerin führen. Wenn beide Partnerinnen keinen Ehe- oder Lebenspartnerschaftsnamen führen, müssen sie bei der Adoption einen Namen der Frauen zum Geburtsnamen des Kindes bestimmen.

Es ist zu beachten, dass

- das Kind ab dem 5. Lebensjahr den Familiennamen mitbestimmen kann,
- das Familiengericht bei Adoption den Vornamen des Kindes ändern kann, auch mehrere Vornamen vergeben kann, wenn es dem Wohl des Kindes entspricht,
- das Familiengericht dem neuen Familiennamen den bisherigen Familiennamen voranstellen oder anfügen kann, wenn es laut § 1757 Abs. 3 BGB aus schwerwiegenden Gründen zum Wohl des Kindes erforderlich ist.

Einbenennung

Wenn das Kind aus einer früheren Beziehung stammt, nun schon über einen längeren Zeitraum bei einem gleichgeschlechtlichen Paar lebt, und es einen anderen Nachnamen führt als seine Mütter oder Väter und das Kind den gleichen Nachnamen haben möchte wie seine rechtlichen Eltern, besteht die Möglichkeit der Einbenennung. Soll heißen, dass es ein unkomplizierter und schneller Weg ist, den Nachnamen des Kindes (ohne Adoption) zu ändern. Es kann den Nachnamen der rechtlichen Eltern annehmen, ihn seinem jetzigen Nachnamen aber auch voranstellen oder anfügen. Dies begründet aber kein Sorgerecht für den Stiefelternteil.

Hierfür bedarf es einer Erklärung der Ehegatten oder Lebenspartner vor dem Standesamt, das diese Erklärung, die Zustimmungserklärung des anderen Elternteils und die Zustimmungserklärung des Kindes öffentlich beurkunden. Verweigert der andere Elternteil seine Zustimmung zur Einbenennung, kann das Familiengericht die fehlende Zustimmung ersetzen lassen. So geschieht dies beispielsweise, wenn das Kind mit dem anderen Elternteil schon über einen längeren Zeitraum keinen Kontakt hat.

Voraussetzungen sind:

- Ehegatten oder Lebenspartner haben einen gemeinsamen Ehe- und Lebenspartnerschaftsnamen bestimmt.
- Das Kind lebt zusammen mit den Ehegatten oder Lebenspartnern in einem gemeinsamen Haushalt.
- Das Kind ist minderjährig und unverheiratet.
- Zustimmung des anderen sorgeberechtigten Elternteils, dessen Namen das Kind trägt.
- Zustimmung des Kindes zur Einbenennung, wenn es älter als fünf Jahre alt ist.

Das Sorge- und Umgangsrecht der Ehegatten und Lebenspartner nach einer Trennung

Wenn sich verheiratete oder verpartnerte Frauen trennen, die dank Stiefkindadoption beide rechtlich gemeinschaftliche Eltern eines Kindes sind, können sie beim Familiengericht beantragen, dass die

elterliche Sorge komplett oder ein Teil der elterlichen Sorge auf sie übertragen wird. Wenn die Ehegatten oder Lebenspartner keine Absprachen mit Blick auf das Kind im Zuge der Trennung finden, kann das Familiengericht auch hier den Umfang und die Ausführung des Umgangsrechts regeln, zusammen mit der Scheidung der Ehe oder Aufhebung der Lebenspartnerschaft. Grundsätzlich besitzen beide Eltern weiterhin das Sorge- und Umgangsrecht, außer das Gericht sieht das Kindeswohl gefährdet und entscheidet anders.

Künstliche Befruchtung

Welche Wege können lesbische Paare beschreiten, wenn sie sich bei der Verwirklichung ihres Kindeswunsches für die künstliche Befruchtung entscheiden? Wie genau gestaltet sich die Planung, an wen können sie sich wenden und wie genau verläuft so eine Befruchtung? Wie sehen die einzelnen Stationen auf dem Weg bis zum Wunschkind aus?

Um zu verstehen, warum es lesbische Frauen auch heute noch recht schwer haben, sich den Wunsch über Samenspende zu erfüllen, muss man einen Blick auf die gesetzlichen Grundlagen, genauer gesagt das Embryonenschutzgesetz (EschG) in Deutschland, werfen. Es trat am 01.01.1991 in Kraft und regelt den rechtlichen Rahmen der Reproduktionsmedizin. Der Missbrauch moderner Fortpflanzungstechniken und die kommerzielle Verwendung von menschlichen Embryonen soll so unterbunden werden. Bisher hatte die Bundesärztekammer auch grundsätzlich davon abgeraten, bei lesbischen Paaren oder alleinstehenden Frauen eine Samenspende durchzuführen. Mittlerweile ist es aber kein Tabu mehr.

Strafbar können sich nur Ärzte machen, die Eltern sind hier ausgenommen. Verstöße werden mit mehrjährigen Haftstrafen oder Geldbußen geahndet. Nach dem Embryonenschutzgesetz (EschG) sind zulässig:

- Präimplantationsdiagnostik, jedoch nur mit Zustimmung der Ethikkommission und nach ausführlicher Beratung,
- In-Vitro-Fertilisation (IVF) und Intracytoplasmatische Spermieninjektion (ICSI) (z.B. in Österreich),
- die homologe Insemination, also die Übertragung von Samen des Partners,

- Übertragung von Spendersamen. Hier sind Voraussetzung juristische und ärztliche Beratung,
- Social Freezing, also das Einfrieren von unbefruchteten Eizellen, die zu einem späteren Zeitpunkt für eine künstliche Befruchtung genutzt werden sollen,
- Einfrieren von Eizellen im Anfangsstadium der Befruchtung (Vorkernstadium),
- Übertragung von höchstens drei befruchteten Eizellen oder Embryonen innerhalb eines Zyklus.

Immer wieder liest und hört man von unterschiedlichen Möglichkeiten, wie sich (homosexuelle) Paare ihren Kinderwunsch erfüllen können. Unten stehend finden sich einige Behandlungs-Methoden, die aber nur in anderen Ländern genutzt werden können und in Deutschland verboten sind.

- Klonen,
- Leihmutterschaft (z.B. Großbritannien, Frankreich, Niederlande, Spanien),
- Social Sexing, also Geschlechtsauswahl,
- Eizellspende (z.B. Österreich, Tschechien und Spanien, wenn die Spenderin jünger als 30 und die Empfängerin nicht älter als 45 Jahre alt ist),
- Post-Mortem Befruchtung (die Eizelle wird nach dem Tod des Mannes mit dessen Samen befruchtet),
- Keimbahntherapie, also künstliche Veränderung menschlicher Keimbahnzellen,
- Untersuchung des Embryos vor der Einpflanzung (PID) (z.B. Österreich).

Seit dem 01.07.2018 gibt es das Samenspenderregistergesetz (SaRegG), das mittlerweile nun auch gleichgeschlechtlichen Paaren bei der

Erfüllung des Kinderwunsches hilft, sofern sie verheiratet oder verpartnert sind. Mitunter sind dank des Gesetzes nun auch die Rechte des Kindes in Bezug auf die Auskunft über die Identität des Samenspenders sowie den Ausschluss von Unterhaltsansprüchen beim Spender gesichert. Nicht nur wegen gleichgeschlechtlichen Paaren, auch wegen dem generell steigenden Alter von Müttern, die zuerst Karriere machen (wollen), ist die Reproduktionsmedizin ein immer wichtigeres Thema.

Wie vorhin schon erwähnt, dürfen im Ausland einige Reproduktionsmethoden angewendet werden, die in Deutschland verboten sind. Gerne werden (in alphabetischer Reihenfolge) belgische, dänische, Schweizer, slowenische, spanische und tschechische Kinderwunschzentren angesteuert. Paare, die sich für Behandlungen im Ausland entscheiden, machen sich, wenn sie wieder in Deutschland sind, nicht strafbar. Es gelten die Bestimmungen des Landes, in dem die Reproduktionsmedizin angewendet wurde. Auch der deutsche Arzt, der die Behandlung in Deutschland „nachversorgt" und sie weiterhin versorgt, macht sich ebenfalls nicht strafbar. Die Kosten können, je nach ausgesuchtem Land, zwischen 3.000 und 15.000 Euro betragen. Die genauen Kosten kann ich durch die Komplexität nicht genau beziffern.

Welche Möglichkeiten der Kinderwunscherfüllung gibt es?

Insemination

Zur Befruchtung entscheiden sich lesbische Paare meistens für eine Insemination, bei der aufbereiteter Spendersamen in die Gebärmutterhöhle eingebracht wird. Diese Option funktioniert recht gut und wird eventuell mit einer Hormontherapie unterstützt. Zumindest, wenn es keine gesundheitli

chen Beeinträchtigungen bei der künftigen Mutter gibt, wie beispielsweise ein Eileiterverschluss oder andere Probleme bei der Fruchtbarkeit.

In-vitro-Fertilisation (IVF) / künstliche Befruchtung

Bei gesundheitlichen Einschränkungen oder vorausgegangenen ergebnislosen Inseminationen wird oft eine In-vitro-Fertilisation gewählt, auch künstliche Befruchtung genannt. Begleitet wird die mehrmonatige IVF von Hormonbehandlungen und kleinen operativen Eingriffen.

Der behandelnde Arzt entnimmt nach der Hormonbehandlung Eizellen aus dem Eierstock der Frau, um sie dann in einem Laborglas mit den Samen des zuvor gewählten Spenders zusammenzuführen. Bei erfolgreicher Befruchtung entwickeln sich die Eizellen weiter und werden der Frau in ihre Gebärmutter eingesetzt, wobei es maximal drei Embryonen sind. Die künstliche Befruchtung garantiert am Ende keine Schwangerschaft. Es kann sein, dass die Frau sie mit Abständen wiederholen muss, um wieder zu Kräften zu kommen und sich seelisch zu erholen. In seltenen Fällen reagiert die Frau auf eine zu hohe Gabe von Hormonpräparaten, es kann zu Bauchschmerzen, Übelkeit, Spannungsgefühlen im Bauch oder Kurzatmigkeit kommen. Bei diesen Symptomen sollte der behandelnde Arzt sofort verständigt werden.

Die Behandlung zieht sich über einige Monate hinweg. Gestartet wird mit der sogenannten Down-Regulation, die Vorbehandlung, in der die körpereigene Hormonproduktion der Frau mit Hilfe von Hormonen unterdrückt wird, um den natürlichen Eisprung zu verhindern, damit die Eizellreifung bis zu 14 Tage später kontrolliert erfolgt. Nun folgt der Behandlungszyklus, nach dem langen Protokoll. Die Erfolgsaussichten (meist um die 15 bis 20 Prozent) hängen von einigen Faktoren ab. Negativ beeinflussen können beispielsweise ein erhöhtes Alter der Frau und ob sie Raucherin ist.

1. bis 11. Tag
Stimulation der Eizellreifung und Kontrolluntersuchungen

Die Frau muss täglich über einen Zeitraum von 11 Tagen Hormone einnehmen, damit gleichzeitig mehrere Eizellen heranreifen können. Ärzte kontrollieren dabei immer wieder die Blutwerte und die Größe und Reife der Eibläschen per Ultraschall. Sobald die Eizellen herangereift und befruchtungsfähig sind, beendet die Frau die Hormoneinnahme.

12. Tag
Eisprung wird eingeleitet

Mit Hormonspritzen wird der Eisprung eingeleitet, wenn die Eizellen in genügender Anzahl groß genug geworden sind.

14. Tag
Eizellen-Entnahme, Spermabereitstellung, Befruchtung der Eizelle im Labor

Durch die Scheide werden mit einer Nadel die Eizellen aus den Eibläschen entnommen. Bei heterosexuellen Paaren stellt der Partner sein Sperma zur Verfügung (normalerweise durch Mastrubation am Tag der Eizellentnahme). Bei homosexuellen Paaren wird auf zuvor gewonnenes und tiefgefrorenes Spendersamen zurückgegriffen. Anschließend werden Eizellen und Samenzellen zusammengebracht. Ob es zu einer Befruchtung kam, ist nach 16 bis 20 Stunden unter dem Mikroskop erkennbar. Befruchtete Eizellen kommen in einen Brutschrank, damit sie sich noch weiterentwickeln können.

16. bis 20. Tag
Übertragung der Embryonen

Zwei bis fünf Tage nach erfolgreicher Befruchtung werden bis zu drei Embryonen mit Hilfe eines Katheter (dünner biegsamer Schlauch) in die Gebärmutter durch die Scheide übertragen. Wenn dies oft fehlschlägt, könnten Ärzte das „assisted hatching" (Schlüpfhilfe) nutzen, d.h. die Hülle des Embryos wird mit einem Lasergerät angeritzt. Die Wirkung ist hier aber nicht nachgewiesen.

5. Woche
Kontrolle über Bluttest

Ob eine Schwangerschaft besteht, kann man mit einem Bluttest feststellen.

7. Woche
Ultraschalluntersuchung

Zu diesem Zeitpunkt kann der Frauenarzt nun auch per Ultraschall feststellen, ob sich der Embryo eingenistet hat.

Intracytoplasmatische Spermieninjektion (ICSI)

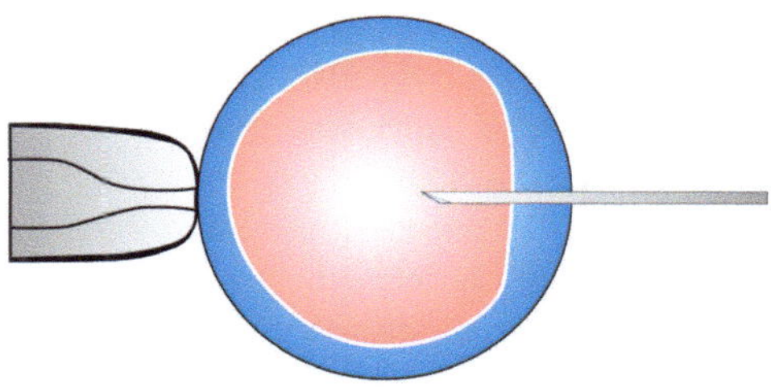

Die Behandlung ICSI gleicht fast der bei einer In-vitro-Fertilisation (IVF). Am Anfang steht die Down-Regulierung, gefolgt von einer Hormonbehandlung, um die Eizellproduktion zu stimulieren, um mehr Eizellen zu erhalten, was durch Ultraschall und Blutentnahmen überwacht wird.

Nach 10 bis 12 Tagen wird durch eine Spritze der Eisprung ausgelöst, die Eizellen werden durch eine Punktion entnommen – möglich ist eine Entnahme unter Schlafnarkose oder einer kurzen Vollnarkose. Auf diese Weise können bis zu 20 Eizellen auf einmal gewonnen werden, wobei die Menge aufgrund des Alters der Frau schwanken kann.

Nun folgt der Schritt im Labor, der sich von der IVF unterscheidet: Bei der ICSI wird ein einzelnes, befruchtungsfähiges Spermium direkt in die Eizelle (Zytoplasma) injiziert, damit wirklich eine Befruchtung stattfindet. Ob das wirklich gelungen ist, lässt sich nach 24 Stunden in einem Wärmeschrank feststellen. Auch in den nächsten Tagen werden die befruchteten Eizellen kontrolliert. Nicht alle entwickeln sich weiter oder sind korrekt befruchtet.

Sobald die befruchtete Eizelle zu einem Mehrzeller (Blastozyste) herangereift ist, erfolgt der Embryotransfer. Das passiert meist am fünften Tag nach der Entnahme. Eine oder maximal zwei befruchtete Eizellen werden schmerzfrei und ohne Betäubung oder Narkose in die Gebärmutter der Frau eingebracht. Die Anzahl ist beschränkt, um Missbildungen sowie Früh- oder Fehlgeburten zu vermeiden. Wie bei der In-vitro-Fertilisation auch, nimmt die Frau das Hormon Progesteron ein, damit sich die Gebärmutterschleimhaut aufbauen kann und sich die Chancen erhöhen, dass sich der Embryo besser einnisten kann. Nach zwei Wochen kann man dann einen Schwangerschaftstest durchführen, um zu sehen, ob die Behandlung erfolgreich war oder nicht.

Diese Methode bietet sich dann an, wenn beispielsweise die Spermien des Samenspenders in ihrer Beweglichkeit eingeschränkt sind oder wenn bei der werdenden Mutter die Eizellhülle Unregelmäßigkeiten aufweist. Also wenn man davon ausgehen kann, dass eine In-Vitro-Fertilisation wenig Erfolgsaussichten hat. Die Kosten der ICSI liegen in Deutschland bei 4.000 bis 6.000 Euro, wobei sich die Kosten zusammensetzen aus 3.000 bis 4.500 Euro für die Behandlung und 1.000 bis 1.500 Euro für Medikamente. Je nachdem, welche Behandlungen hinterher vielleicht noch angestrebt werden, wie beispielsweise „Assisted Hatching" (Schlüpfhilfe) für 200 bis 300 Euro oder die Kryokonservierung für 400 bis 700 Euro, wenn mehrere Eizellen befruchtet wurden und für einen späteren Zeitpunkt für weitere Kinder eingefroren werden sollen oder aber auch ein Kryo-Transfer für 500 bis 800 Euro, wenn die erste ICSI-Befruchtung fehlgeschlagen ist und eingefrorene Eizellen später genutzt werden sollen.

Social Freezing / Kryokonservierung

Heterosexuelle und homosexuelle Frauen bis zu einem Alter von 35 Jahren nutzen auch gerne das „Social Freezing". Das bedeutet, dass unbefruchtete Eizellen nach einer Stimulationsbehandlung entnommen, schockgefroren (Vitrifikation) und in flüssigem Stickstoff eingelagert werden, und das ohne medizinischen Grund. Aufgetaut werden sie erst, wenn eine künstliche Befruchtung erfolgen soll. So kann sichergestellt werden, dass eine Frau sich auch erst in einigen Jahren den Kinderwunsch erfüllen kann, wenn bis dahin ihre berufliche und private Situation „passt". Viele Frauen nutzen auch das „Social Freezing" sozusagen als Absicherung vor einer eventuell späteren Unfruchtbarkeit. Möglich ist dann auch eine Schwangerschaft nach den Wechseljahren, wobei man hier immer auch die Risiken für Mutter und Kind bedenken sollte. Die Kryokonservierung gleicht der Vorbereitung auf eine künstliche Befruchtung. Eizellen werden mit Hormonen stimuliert, über einen Zeitraum von 10 bis 14 Tagen. Bei genügender Anzahl von reifen Eizellen werden sie dann eingefroren. Mit steigendem Alter werden der Frau immer mehr Eizellen entnommen. Normalerweise zwischen drei und 20, bei Älteren bis zu 30 Eizellen. So soll sichergestellt sein, dass die eingefrorenen Eizellen später auch befruchtet werden. Mit höherem Alter nimmt die chromosomale Qualität ab.

Die entnommenen Eizellen sind theoretisch ewig eingefroren haltbar. Nur in rechtlicher Hinsicht gibt es hier Einschränkungen. Wie viele Jahre man selbst seine Eizellen einfrieren darf, sollte man vorher in Erfahrung bringen.

„Social Freezing" wird auch gerne von Männern genutzt, die ihre Spermien oder auch Hodengewebe einfrieren und lagern lassen wollen. Die Kosten hierfür belaufen sich einmalig für das Einfrieren zwischen 500 bis 800 Euro, wobei auch hier jährliche Lagerungskosten zu Buche schlagen.

Die Kosten für „Social Freezing" belaufen sich bei einmalig zwischen 3.000 und 9.000 Euro, zuzüglich jährliche Kosten von 350 bis 500 Euro fürs Einlagern. Beachten sollte man, dass die Kosten steigen können, je nachdem, wie viele Eizellen entnommen werden müssen. Wichtig zu wissen: bei nicht medizinischen Gründen übernehmen weder gesetzliche noch private Krankenkassen die Kosten für das „Social Freezing". Medizinische Gründe sind beispielsweise eine Erkrankung der Eierstöcke oder wenn bei einer Frau wegen Krebserkrankung eine Chemotherapie ansteht.

Kinderwunsch im Ausland erfüllen

Es gibt verschieden- und gleichgeschlechtliche Paare, die sich den Kinderwunsch im Ausland erfüllen wollen. Das kann daran liegen, dass die Paare gerne eine Methode wählen würden, die aber in Deutschland gar nicht zulässig ist und dank Embryonenschutzgesetz vielleicht auch verboten sein kann. Oder aber die Kosten, die im Ausland um ein Vielfaches günstiger ausfallen als in Deutschland. Hier sollte man immer auch noch Hotelkosten, Medikamente und weitere Reisekosten mit im Blick haben.

Ist die gewählte Methode in Deutschland nicht verboten, können die Kosten unter bestimmten Bedingungen auch bei der Steuer geltend gemacht werden. Auch einige gesetzliche und private Krankenkassen beteiligen sich an den Kosten, wobei bei den gesetzlichen oft noch Bestimmungen bezüglich Beziehungsstatus, Altersgrenze oder Höchstzahl der möglichen Zyklen erfüllt sein müssen. Vor der Behandlung sollte eine (anteilige) Kostenübernahme mit der Krankenkasse besprochen werden.

Möchte man ein Kinderwunschzentrum im Ausland heraussuchen, sollte man alle Informationen zu der Chancen, Risiken und Kosten zusammentragen. Bevor man einen Vertrag unterschreibt, sollte man ihn rechtlich prüfen lassen, vor allem, wenn die Methode der Kinderwunscherfüllung in Deutschland verboten ist. Auch eine Besichtigung der Klinik und ein Gespräch vor Ort mit dem Arzt, ohne Vermittler, ist ratsam, um sich ein eigenes Bild machen zu können.

Gerne angesteuert werden Polen, Tschechien und Spanien. Hier ist erlaubt, was in Deutschland verboten ist. Vor allem Spanien gehört zu den Ländern, die gerne für die künstliche Befruchtung angesteuert werden. Einige Möglichkeiten waren schon zu lesen, wobei insgesamt erlaubt ist:

- In-Vitro-Fertilisation (IVF),
- intrazytoplasmatische Spermieninjektion (ICSI),
- intrauterine Insemination,
- Eizellspenden,
- Embryonenspende,
- ROPA,
- Präimplatationsdiagnostik,
- in einigen Ländern die Leihmutterschaft.

Was genau versteht man unter den oben aufgeführten Kinderwunsch-Behandlungen? Nachfolgend möchte ich einen Überblick über die Namen, Behandlungswege, Kosten und eventuelle Voraussetzungen geben.

Eizellspende

In Deutschland ist dieses Verfahren verboten und steht unter Strafe. Laut Embryonenschutzgesetz dürfen nur eigene Eizellen genutzt werden. Im Ausland jedoch ist es gar nicht so untypisch, gespendete Eizellen zu nutzen, die mit dem Samen des eigenen Spenders oder eines Samenspenders befruchtet und dann in die Gebärmutter der Frau eingeführt werden. Es dürfen nur anonyme Eizellspenden genutzt werden. Bei der Eizellspende erhält weder die Spenderin Informationen über das Kind noch die Empfängerin oder das Kind irgendwann Informationen über die Spenderin, das sind streng vertrauliche Daten. Die Kinderwunschkliniken können darauf achten, dass die Spenderin der austragenden Frau äußerlich ähnelt.

Oft nutzen (alleinstehende) Frauen in fortgeschrittenem Alter (gemeint ist hier schon ab 35 Jahren) die Eizellspende, wenn in den Eierstöcken keine Eibläschen heranreifen. Zu den Kunden zählen auch verheiratete sowie unverheiratete heterosexuelle Paare und verheiratete oder unverheiratete

lesbische Paare. Wichtig zu wissen: wenn mehrere Eizellen übertragen werden, kann es zu einer Mehrlingsschwangerschaft kommen. Die Kosten für diese Behandlung liegen bei 5.000 bis 7.000 Euro, natürlich nur, sofern sie anschlägt und nicht öfter wiederholt werden muss.

Embryonenspende

Hier wird einer Frau eine befruchtete Eizelle, also ein Embryo einer Spenderin, in die Gebärmutter eingebracht. Die Embryonenspende ist anonym und bietet sich an, wenn beide Partner unfruchtbar sind, die Frau aber grundsätzlich schwanger werden könnte. Die Chance einer Lebendgeburt ist bei dieser Methode sehr hoch. Sofern die Embryonenspende ohne Bezahlung der Spenderin erfolgt, ist sie auch in Deutschland erlaubt. Juristisch gesehen wird die Empfängerin zur leiblichen Mutter, wenn sie das Kind zur Welt bringt, ihr Ehemann der gesetzliche Vater.

Präimplantationsdiagnostik

Bei der Präimplantationsdiagnostik (PID) werden Zellen des Embryos in der Blastozystenkultur mittels Laser entnommen, um seine Chromsomen vor der Einpflanzung in die Gebärmutter zu untersuchen. Mit der PID können das Geschlecht bestimmt, angeborene Missbildungen oder genetische Anomalien erkannt werden. Die Präimplantationsdiagnostik ist in Deutschland grundsätzlich strafbar und verboten. Ausnahmen gibt es nur, wenn schwere Erbkrankheiten erkannt werden sollen oder um Tot- und Fehlgeburten zu vermeiden.

Recepción de Óvulos de la Pareja (ROPA)

ROPA heißt auf Deutsch: Empfang von Eizellen der Partnerin und bedeutet, dass sich zwei Frauen die Mutterschaft teilen. ROPA eignet sich besonders für lesbische Frauen, da so beide Frauen Mütter werden. Durch ovarielle Stimulation werden einer Frau Eizellen entnommen und befruchtet, um sie dann der Partnerin einzusetzen, die das Kind austrägt. ROPA ist in Deutschland verboten, aber z.B. in Spanien erlaubt. Eine ROPA-Behandlung kostet etwa 5.000 Euro, wobei auch hier gilt, dass die Kosten höher ausfallen können, wenn die Behandlung nicht beim ersten Mal anschlägt.

Welche Länder sind bei den Deutschen am beliebtesten, um sich ihren Kinderwunsch zu erfüllen? Klar, mit Sicherheit spielen die Kosten eine große Rolle, die um ein Vielfaches günstiger im Ausland sind. Oder wenn sich die heterosexuellen oder lesbischen Paare für eine Methode entscheiden, die in Deutschland verboten ist. Nachfolgend findet man eine kurze Übersicht der Länder, in alphabetischer Reihenfolge, wobei hier keine Kliniken gelistet sind. Diese Informationen erhält man bei seinem in Deutschland behandelnden Arzt oder über eigene Recherche im Internet, wobei hier auch die Erfahrungen anderer betroffener Paare helfen können.

Bulgarien

In Bulgarien sind die Kosten für die Behandlung kostengünstiger als in Deutschland. Hier werden auch Methoden angeboten, die bei uns verboten sind.

Dänemark

Um sich den Kinderwunsch zu erfüllen, brauchen Frauen in Dänemark gesetzlich keinen Partner.

Griechenland

In Griechenland ist neben den in Deutschland nicht erlaubten Verfahren sogar eine Leihmutterschaft gesetzlich möglich.

Großbritannien

Auch in Großbritannien ist eine Leihmutterschaft unter bestimmten Voraussetzungen möglich. Ebenfalls die in Deutschland verbotenen Methoden.

Niederlande

Auch in den Niederlanden ist neben anderen Verfahren eine Eizellspende möglich.

Österreich

In Österreich gibt es keine Beschränkung der Anzahl an befruchteten Eizellen. Auch andere Behandlungen sind hier erlaubt.

Polen

Auch in Polen liegen die Kosten für die unterschiedlichen Methoden weit unter denen in Deutschland.

Russland

In Russland liegt das Höchstalter der Patientinnen bei 50 Jahren. Vergleichsweise und erfreulicherweise ein recht hohes Alter. Hier ist auch ein Präimplantations-Screening zulässig. Der günstige Preis der Behandlungen spricht sicher auch für Russland.

Spanien

Das beliebteste und am meisten von Singles, homosexuellen und heterosexuellen Paaren besuchte Land für die Kinderwunscherfüllung ist Spanien. Das Höchstalter für Frauen liegt bei 50 Jahren. Die Eizellspende ist hier erlaubt.

Tschechische Republik

In Tschechien sind die Behandlungen um einiges günstiger als in anderen EU-Ländern. Und hier sind viele Verfahren erlaubt, die in Deutschland laut Embryonenschutzgesetz verboten sind.

Türkei

Anders als in Deutschland, ist in der Türkei die
Eizellspende sowie die Präimplantationsdiagnostik
erlaubt. Es gibt aber nur wenige Kliniken, die das
auch homosexuellen Paaren ermöglichen. Man
sollte auf jeden Fall zuvor genauestens recherchie-
ren, um keine bösen Überraschungen vor Ort zu
erleben.

Ukraine

Dieses Land wird gerne angesteuert, da die Behandlungen kostengünstig sind und die Eizellspende erlaubt ist.

Zypern

Auch wenn die Geschlechtsbestimmung eines
Kindes in Europa generell verboten ist, ist diese
Methode in Zypern vollkommen legal.

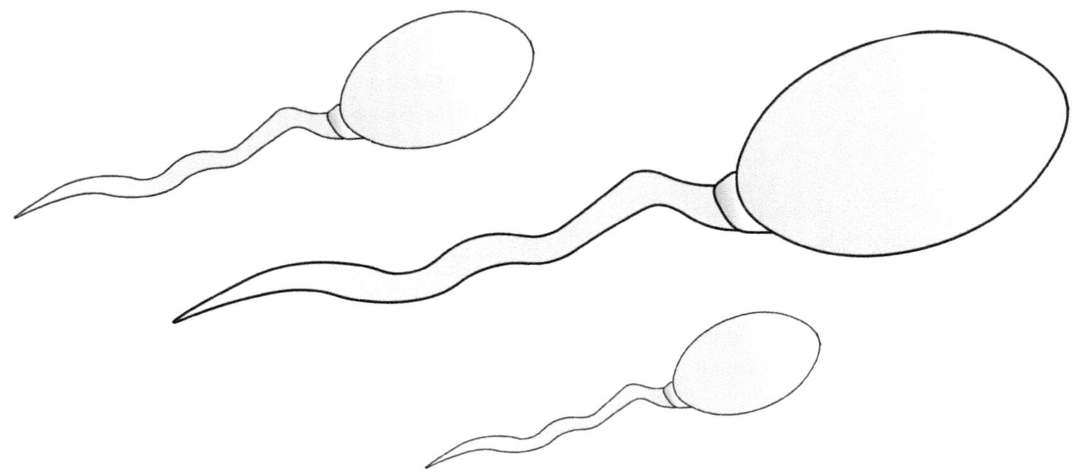

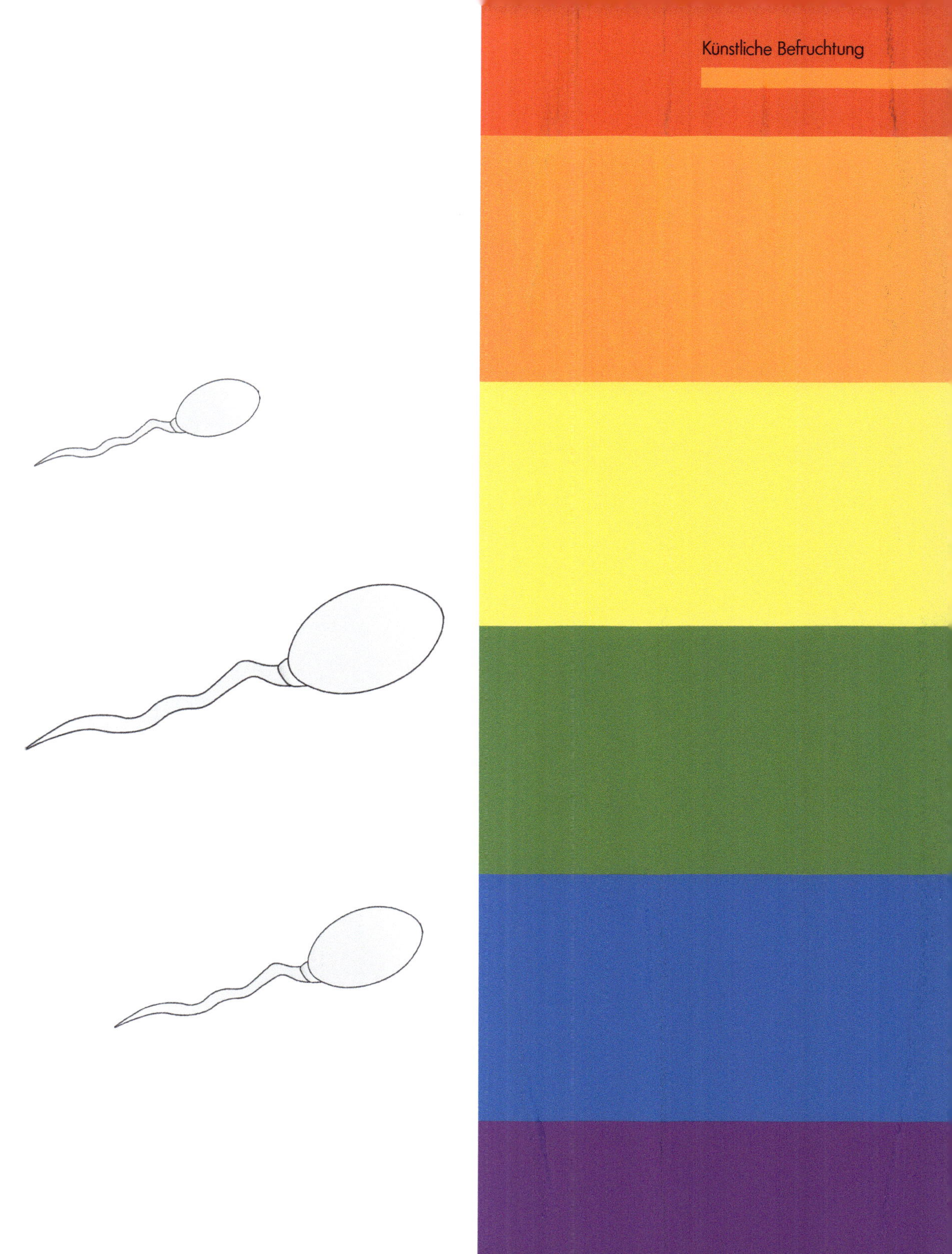
Künstliche Befruchtung
Künstliche Befruchtung

Schwulentypen und Bezeichnungen

Jeder von uns hat mit Sicherheit ein Bild im Kopf, wie er sich einen typisch schwulen Mann vorstellt. Die meisten werden garantiert auch dieselbe Aussage treffen, wenn man sie nach eben diesem Bild fragt. Dürr, feminin, halblanges Haar, Lidschatten, Nagellack, eine höhere, hauchende Stimme und ein Hüftschwung, der jede Frau zum Lachen bringen wird, da keine Frau jemals so übertrieben den Allerwertesten derart von links nach rechts schaukeln lassen würde.

Na? Ganz ehrlich, Hand aufs Herz. Das war auch Dein Bild, das Du gerade im Kopf hattest. Stimmt's? Nicht schlimm. Wie gesagt, viele sehen Schwule genau so. Oft trifft man auf Männer, die sich während des Gesprächs irgendwann als schwul outen, von denen man es niemals erwartet hätte. Einige sehen aus wie Bodybuilder, Machos, Nerds. Doch wie kann man sich schwule Männer vorstellen?

Es gab ursprünglich eigentlich nur drei Schubladen, in die man Schwule stecken konnte. Diese Einordnung wurde eher vom Verhalten, vom Kleidungsstil und der Art des Redens abgeleitet:

- männlich,
- weiblich,
- androgyn.

Heute gibt es viel mehr. Dank Dating-Apps gibt es viele Namen für entsprechende Typen, wobei die meisten aus der amerikanischen Subkultur stammen. Es sind eher Umschreibungen der Äußerlichkeiten. Wie kleidet sich der Mann, wie verhält er sich, eher sportlich oder nicht, hat er einen Bart oder ist er rasiert? Nachfolgend findet Ihr einige

Typen in alphabetischer Reihenfolge, die ihren Ursprung in unserer Zeit haben. Den Anfang bilden deutsche Schwulenumschreibungen.

Der ganze Kerl

Er wirkt wie ein Heterosexueller. Er benimmt sich männlich, redet auch so und kleidet sich dementsprechend. Nach außen hin wirkt der ganze Kerl kein bisschen schwul.

Der Schöne

Viele Schwule sind als Single und in der Partnerschaft darauf bedacht, immer das Beste aus sich herauszuholen. Sie achten sehr auf ihr Äußeres. Ob nun mit oder ohne Schminke, er legt sehr großen Wert darauf, immer den perfekten Auftritt abzuliefern.

Der Weibliche

Hier schlägt das Feminine sehr durch. Er kleidet sich normal oder feminin und kein bisschen männlich. Und auch die Hobbys entsprechen eher denen einer Frau. Auch die Stimme und Gestik entspricht eher einer Frau oder ist übertrieben feminin.

Bear

Das sind schwule oder bisexuelle Männer, die starkes Barthaar besitzen und auch sonst gut behaart sind, im Brust-, Bauch- und Schambereich. Den Namen haben sie mit Blick auf einen Bären erhalten, in Anlehnung an sein Fell. Auch wenn Bären gemächlich und dick sind, findet man bei den Bears nicht immer dickere Schwule. Hier geht es tatsächlich nur um die Behaarung.

Chaser

Übersetzt bedeutet es Verfolger. Der schlanke Schwule jagt sozusagen Bären und Chubbies.

Chubbies

Die Chubbies sind unbehaart, wobei man unter ihnen auch Bears findet, die aber korpulenter sind und eine ordentliche Wampe besitzen. Meist bevorzugen sie selbst dickliche Männer.

Clean-Cut

Das sind gut aussehende, glattrasierte Männer mit kurzem Haar, die gut gekleidet und gepflegt auftreten. Sie bedienen das Klischee eines Schwulen am besten: kein Alkohol, keine Zigaretten und kein ungesundes Essen. Bei den heterosexuellen Männern würde man sie bei den Metrosexuellen einordnen.

Daddy

Unter dieser Bezeichnung findet man Männer mittleren und älteren Alters, die selbst auf sehr viel jüngere Männer stehen. Hier profitiert der Jüngere immer von den Erfahrungen des älteren Partners. Nicht zu verwechseln mit dem „Sugar Daddy", den man auch bei Heterosexuellen antrifft und bei denen der Jüngere sich meist finanziell aushalten lässt. Daddys sind meist sehr attraktiv.

Drag-Queens

Sie tragen sehr gerne Frauenkleider, funkelnd, pompös. Sie schlüpfen so oft es geht in die Frauenrolle und wissen sich zu stylen. Abgerundet ist ihr Auftreten durch Langhaar-Perücken.

Geek

Ihn könnte man vergleichen mit dem Streber-Typen, den wir alle aus der Schule kennen, der viel profundes Wissen besitzt oder ein Technik- und/

oder Spielefreak ist, aber im sozialen Leben nicht wirklich auftrumpft. Andere würden hier auch von Nerds sprechen.

Hunks

Das sind muskulöse, breite und durchtrainierte junge Männer mit kräftigem Oberkörper. Das Wort „Hunk" stammt aus dem Holländischen und bedeutet „großes Stück".

Jock

Ein Jock ist ein schwuler, sportlicher Mann, der viel Zeit für seinen Körperkult opfert. Das Wort selbst wird abgeleitet von „Jockstraps", also dem Genitalschutz, den einige Sportler tragen. Wohl geformte, muskulöse Körper zeichnen einen Jock aus. Ein Jock kann auch in die Gruppe Otter gehören, wenn er Bartträger ist und auch am Körper behaart ist.

Leather

Hierunter versteht man alle schwulen und bisexuellen Männer, die einen Leder-Fetisch haben, ebenfalls gerne Leder tragen und auch mitunter Sodomasochismus (SM) bevorzugen.

Otter

Das sind, wie auch schon die oben genannten Bears, ebenfalls Männer, die selbst Bartträger sind, auch mehr Körperbehaarung haben und auch auf ebensolche Männer stehen. Nur, dass sie nicht fülliger sind und auch nicht auf eine höhere Körperfülle stehen. In diese Gruppe fällt auch ein sogenannter „Scruff", auf den ich später aber noch separat eingehen werde. Nimmt man es genau, kann auch ein Jock (siehe oben) ein Otter sein. Sein Aussehen könnte so umschrieben werden: definierte Muskeln, breite Schultern, flacher Bauch und behaart.

Poz

Die Abkürzung ist abgeleitet von „Positiv" und meint HIV-Positive. Wie einige andere Typenbezeichnungen auch, wurde dieser Begriff von Dating-Portalen kreiert. Hauptsächlich suchen Poz Gleichgesinnte, um sich auszutauschen.

Rugged

Ein Rugged ist ein Naturbursche, Überlebenskünstler. Seine Attraktivität liegt in seiner Natürlichkeit.

Scruff

Das ist ein ungepflegt wirkender, bärtiger, kerniger, haariger Kerl. Er kann auch in die Gruppe der „Otter" (siehe nebenstehend) fallen.

Trans

Trans-Männer fühlen sich ihrem biologischen Geschlecht nicht wirklich zugehörig, fühlen sich wie in einem falschen Körper gefangen und befinden sich meist schon im Geschlechtsangleichungsprozess zur Frau. Sie selbst bezeichnen sich oft als „genderqueer".

Twink

Ein Twink ist ziemlich jung, extrem dünn und kaum behaart, er ist glattrasiert oder lässt sich auf der Brust einen kleinen Flaum stehen. Er ist das genaue Gegenteil vom Bear. Der Begriff stammt von Twinkies, einer US-Süßigkeit.

Lesbentypen und Bezeichnungen

Für Lesben gibt es schon immer ein in der Öffentlichkeit weit verbreitetes Bild, eine typische Lesbe, wie man gerne sagt: Kurze Haare, dick bis sehr dick, Jeans, kariertes Bauarbeiterhemd, unter dem ein weißes Baumwollripp-Shirt herausblickt, O-Beine, da echte Kerle ja so eine Beinfehlstellung aufweisen. Das trifft jedoch nur auf einen kleinen Teil der Lesben zu.

Welche Typen von Lesben gibt es eigentlich? Klar, dass es hier auch Schubladensysteme gibt, mit unterschiedlichen Namen, in die man wohl auch die meisten Lesben stecken und kategorisieren kann. Nachfolgend möchte ich Euch aufzeigen, von welchen Typen man im Allgemeinen spricht. Auch hier sind die meisten Namen und Bezeichnungen im Zuge von Dating App-Nutzungen erst erschaffen worden. Einfach aus dem Grund, um vorher schon ein grobes Bild seiner bevorzugten Dating-Partnerin zu reflektieren.

Androgyne Lesbe

Sie wirken irgendwie geschlechtslos, da sie sich weder weiblich noch männlich kleiden oder stylen. Es ist nicht selten, dass androgyne Lesben kurze Haare haben.

Baby-Dyke

Entweder ist sie noch sehr jung oder hatte erst kürzlich ihr Coming-Out. Sie ist sich ihrer Gefühle für Frauen erst seit kurzem bewusst.

Birkenstocklesbe

Diese Bezeichnung stammt aus den 80er Jahren. Wie auch bei den Heterosexuellen steht hier der Begriff Birkenstock für Öko. Birkenstocklesben sind fast immer politisch-feministisch engagiert.

Businesslesbe

Unter Business versteht man Anzug und Nadelstreifenkostüme. Eine Businesslesbe zeichnet sich aus durch: sie ist karriereorientiert und ein Arbeitstier, repräsentiert Geld und Macht.

Butch

Dieser Lesbentyp ist sehr maskulin, burschikos und entspricht kein bisschen dem Bild einer typischen Frau. Sie verhält sich meist auch wie ein Mann. Unter diesem Lesbentypen finden sich weitere Unterarten, je nachdem wie stark die männlichen Züge ausgeprägt sind: Soft-Butch und Bull-Butch. Die elegant gekleidete Butch bezeichnet man als Glamour-Butch.

Drag-King

Drag-Queens kennt jeder, Männer, die in Frauenkleider schlüpfen und besser geschminkt als Frauen Lieder auf Bühnen trällern. Drag-Kings sind hingegeben weniger bekannt, da sie nicht so schillernd auftreten. Frauen ziehen gerne Männerkleidung an oder spielen gerne die Männerrolle.

Dyke

Im englischsprachigen Raum nutzte man früher das recht konservative Wort lesbian. Es wurde abgelöst vom Begriff Dyke, da dieser kämpferischer daherkommt. Dyke steht heute für jede beliebige Lesbe.

Femme

Hierunter findet man weibliche Lesben, also solche Frauen, denen man die homosexuelle Orientierung nicht ansieht. Sie sind gerne Frauen, kleider und verhalten sich auch so.

Flanellhemd-Fraktion

Diese Frauen werden schon von Weitem als Lesben erkannt. Typisch sind hier Kurzhaarschnitt, kariertes Flanellhemd, meist lässige Männerkleidung.

Gold-Star

Hierunter versteht man eine Lesbe, die noch nie in ihrem Leben mit einem Mann geschlafen hat.

Kesser Vater

Diese Variante war vor allem in den 20er und 30er Jahren stark verbreitet. Es waren maskuline Lesben, die gerne Männerkleidung trugen.

Klemmlesbe

Wer sich auf eine Klemmlesbe einlassen will, wird es schwer haben. Eine Klemmlesbe lebt ihre Homosexualität nicht aus.

Kurzhaarlesbe

Sie trägt den Kurzhaarschnitt, den man als „typisch" für Lesben bezeichnet.

Landlesbe

Eine Landlesbe wird nicht in der Lesbenszene anzutreffen sein, da sie bewusst diese „Hochburgen" in Großstädten meidet. Wie der Name schon andeutet, lebt sie auf dem Land.

Lastwagenfahrer-Lesbe

Das sind burschikose Lesben, die äußerlich dem Bild der Flanellhemd-Lesbe entsprechen und einen LKW fahren (oder fahren könnten).

Lipstick-Lesbe

Glamour, Bling-Bling, Schminke. So lässt sich die Lipstick-Lesbe am besten beschreiben. Sie ist eigentlich nie ohne Schminke unterwegs und genießt ihr Frauen-Dasein in vollen Zügen. Sie entspricht dem weiblichen Hetero-Klischee total, der übertragbar ist auf die Lesbenwelt.

Luppi

Luppi ist das Gegenstück zum heterosexuellen „Yuppi" (junge, karrierebewusste, der städtischen oberen Mittelschicht zugehörige Menschen). Luppi ist die Kurzform für „Lesbian Urban Professional".

Motorradlesbe

Sie sind gerne in Lederkleidung auf ihren Motorrädern unterwegs. Die coole Biker-Braut. Hier gibt es sowohl feminine wie auch maskuline Lesben.

Sandkasten-Lesbe

Sie hat sich schon sehr früh geoutet. Deshalb auch Sandkasten. Sie hat noch nie eine heterosexuelle Beziehung gehabt.

Schrank-Lesbe

Leben im Schrank, versteckt. Eine Lesbe, die kein Coming-out hatte und auch nicht zu ihrer Homosexualität steht.

Szene-Lesbe

Wie schon der Begriff vermuten lässt, ist diese Frau meistens in irgendwelchen Szene-Treffs wie Bars, Discos, Homo-Partys anzutreffen. Ihr Bekanntenkreis umfasst die schwul-lesbische Szene.

Vanilla-Lesbe

Hinter diesem Begriff verstecken sich Lesben, die Kuschelsex bevorzugen.

Klischees und Vorurteile

Man hört oft, dass man Schwule an der Art und Weise erkennt, wie sie reden, da sie hell, überspitzt und langgezogen näseln und dabei übertrieben gestikulieren. Lesben erkennt man an dem typischen Lesbenkurzhaarschnitt. Sie sind vegan, schminken sich nicht und ziehen schnell zusammen. Sicher gibt es Homosexuelle, die diesen Klischees entsprechen. Aber meistens sind eben diese Klischees eigentlich nur Vorurteile.

Da es viele Klischees gibt, möchte ich nachfolgend die wohl bekanntesten zusammentragen. Welche liegen nahe an der Realität und welche sind doch eher Vorurteile? Ich möchte sie gerne unterteilt aufzeigen, angefangen mit den lesbischen Frauen, gefolgt von schwulen Männern, also in alphabetischer Reihenfolge.

Lesben...

... sind männerfeindlich.

Das ist definitiv ein Vorurteil. Nur weil lesbische Frauen keine sexuellen Kontakte zu Männern suchen, sind sie nicht männerfeindlich. Sie wissen nur mit ihrem eigenen Geschlecht, was die körperliche Anziehungskraft anbelangt, mehr anzufangen. Lesbische Frauen haben außerdem oft männliche Freunde.

... haben kurze Haare und benehmen sich männlich, sind „Mannweiber".

Den meisten Frauen sieht man ihre Homosexualität nicht an. Sicher mag es aber Frauen geben, die sich übertrieben männlich verhalten. Wie sie sich kleiden oder welche Frisur sie bevorzugen, hängt ausschließlich von ihren persönlichen Vorlieben ab.

... haben in einer Beziehung klare Rollen: eine ist die Frau, eine der Mann.

Das glauben Menschen, die sich keine andere Konstellation als Mann-Frau-Beziehungen vorstellen können. Sicher gibt es die traditionelle Rollenverteilung, die man auch im alltäglichen Leben beobachten kann: Hausarbeit, kochen, bügeln sind typisch weibliche Aufgaben, Handwerken, Auto waschen, Müll raus bringen eher typisch männliche. Der einzige Vorteil in einer homosexuellen Beziehung: die Partner können sich die Aufgaben heraussuchen und frei verteilen. Dieses Vorurteil findet man auch bei Schwulen.

... haben einfach noch nicht den richtigen Mann gefunden.

Dies hat garantiert jede lesbische Frau (und jeder Schwule) schon einmal gehört. Es ist auch der Satz, den Eltern gerne an die Kinder richten, wenn diese sich outen. Es sei nur eine Phase, die sicher vorübergeht, sobald die Frau den richtigen Mann kennengelernt hat. Es wird oft vergessen, dass schon viele Homosexuelle in jungen Jahren erkannt haben, dass sie sich zum gleichen Geschlecht hingezogen fühlen.

... ziehen schnell zusammen und ziehen auch wieder schnell aus.

Ob und wann Menschen zusammenziehen, liegt eher an der Sympathie, die man seinem Gegenüber entgegenbringt oder an den Erfahrungen, die man in früheren Beziehungen gemacht hat. Bei vielen lesbischen Paaren trifft das Klischee zu, schnell zusammen zu ziehen, aber auch wieder schnell auszuziehen. Warum das so ist, wird wohl nie geklärt werden. Dieses Verhalten nennt man auch „J-Haul-Syndrom", benannt nach dem amerikanischen Umzugsunternehmen „U-Haul".

Schwule…

… sind sehr sensibel.

Ob Männer sensibel sind oder nicht, hängt von ihrem Charakter ab und nicht von der sexuellen Orientierung. Es gibt auch heterosexuelle Männer, die sensibel sind.

… sind unmännlich und verhalten sich übertrieben weiblich oder tuntig.

Das trifft nicht auf alle schwule Männer zu. Es gibt Schwule, die sich männlich verhalten und nach außen hin nicht als schwul erkennbar sind. Dann gibt es Schwule, die mit Absicht übertrieben weiblich agieren und auch gerne „tuntig" auftreten. Die meisten Schwule dürften sicher in der Mitte liegen und weder übertrieben männlich noch weiblich auffallen.

… haben fast nur Sex im Kopf.

Es gibt schwule und heterosexuelle Männer, die oft an Sex denken, aber auch solche, denen Sex weniger wichtig ist. Das ist also kein rein schwules Thema.

… sind Friseure oder Visagisten.

Nein, mit Sicherheit nicht. Es gibt sicher Schwule, die als Friseure oder Visagisten arbeiten. Aber die Berufswahl hat nichts mit der sexuellen Orientierung zu tun, sondern richtet sich nach den Interessen des Menschen und was er gut kann oder machen möchte.

… tragen gerne Frauenklamotten.

Schwule Männer tragen ganz normale Kleidung. Von Jeans mit lässigem T-Shirt über Lederkleidung bis hin zu Anzügen. Hier ist alles vertreten. Meist leitet sich diese Aussage ab von Drag-Queens, die schrill und als Paradiesvögel in der Öffentlichkeit auftreten.

… hören gerne Schlager.

Das trifft nicht zu. Die Musikrichtung, die ein Mensch bevorzugt, hat nichts damit zu tun, ob er homosexuell ist oder nicht. Es ist immer ein individueller Musikgeschmack.

… erkennt man schon an der Art zu reden.

Sicher hat man diese unverkennbare Art des um einige Oktaven zu hohen Sprechens im Kopf, wenn man an Schwule denkt. Wie sie geschwollen ihre Worte dehnen, näseln und hin und wieder begeistert kreischen. Das trifft aber wirklich nicht bei jedem Schwulen zu.

Gaydar / Schwulen- beziehungs- weise Lesben-Radar

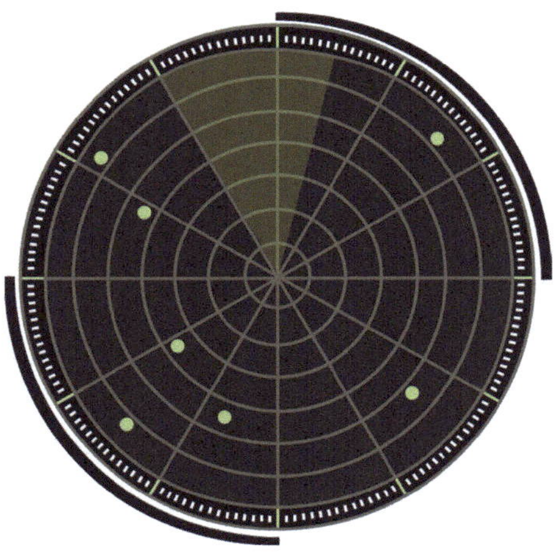

Die Partnersuche an und für sich ist schon keine leichte Aufgabe, da jeder bestimmte Vorstellungen und Ansprüche an den künftigen Partner stellt, die zumindest anteilig erfüllt sein sollten, um eine längere, glückliche und ausgewogene Beziehung zu gewährleisten. Die Auswahl der zur Verfügung stehenden und noch nicht vergebenen Menschen ist zwar groß, aber wie kann man herausfinden, ob sein Gegenüber heterosexuell interessiert ist oder doch vom anderen Ufer stammt?

Diesen Ausspruch hätte ich als Kind gerne als Gegebenheit angenommen: Jeder Homosexuelle hat einen eingebauten Radar, der ihm bei der Partnerwahl hilft, ein sogenannter „Gaydar", also Schwulen- oder Homosexuellenradar. Das Wort ist zusammengesetzt aus den Begriffen „Gay" und „Radar", das 2000 auch ins „Oxford Compact English Dictionary" aufgenommen wurde. Es gibt hier auch das Wort „Lesdar", „Lesbenradar", wobei hier nur Frauen gemeint sind. Deshalb „Gay", weil dieses Wort sowohl Männer als auch Frauen umfasst. Praktisch eine Art Antenne, die bei Homosexualität ausschlägt, eine Eigenschaft oder ein Gespür, um Menschen mit gleicher sexueller Orientierung zu erkennen.

So einfach ist es im wirklichen Leben aber keineswegs. Die sexuelle Orientierung lässt sich eigentlich nur an bestimmten äußeren Anzeichen erkennen. Früher waren diese vielleicht auch leichter zu deuten, da Homosexuelle in Zeiten der Verfolgung des letzten Jahrhunderts bestimmte geheime Dresscodes nutzten, um nicht als Homosexuelle aufzufallen und nur von ihresgleichen als solche erkannt zu werden. Zu diesen Codes

zählt mitunter die rote Krawatte, die Schwule trugen, um von anderen Schwulen erkannt zu werden. Vor allem Lesben hatten es einfacher, Gleichgesinnte schon von weitem auszumachen, da es eigentlich nur drei Stereotypen gab: Butch, Femme und Ökolesbe. Das hat sich im Laufe der Zeit komplett verändert.

Wenn man heute vom Gaydar spricht, meint man eigentlich eine Art sechster Sinn, der durch Hormone, Pheromone gesteuert wird. Hier werden oft Aussehen, Verhaltensweisen, Ausdrucksarten und weitere Eindrücke verschiedener Sinnesorgane in einen Topf geworfen, um dann herauszufinden, ob der andere homosexuell ist oder nicht. Das funktioniert aber nur in den seltensten Fällen. Nicht immer lässt vor allem das äußere Erscheinungsbild einen Rückschluss zur sexuellen Orientierung hin zu. Frauen mit kurzen Haaren sind bekanntlich nicht auch immer gleich lesbisch. Nicht alle zarten oder gestylten, gut riechenden Männer sind schwul, sie können einfach auch einfühlsamer, modebewusster und gepflegter sein.

Hier kann ich aus eigener Erfahrung berichten, dass ich meine Partnerinnen immer „auf natürlichem Wege" kennengelernt habe. Kein Gaydar half mir hierbei. Nach dem Motto: noch zwei Meter und Du hast Dein Ziel erreicht. Nein. Bei mir waren es eher tiefe Blicke in die Augen der Frau, die ich schon von Weitem interessanter fand, der länger anhält und Interesse bekundet, gefolgt von einem freundlicheren Lächeln als es nötig wäre. Hatte dieses langsame Herantasten dann für mich ein positives Gefühl hinterlassen, folgte ein Gespräch. bei dem man eventuell Gemeinsamkeiten

ausmachen oder Bekundungen bezüglich der Attraktivität seines Gegenüber und des vorhandenen Interesses äußern kann. Also die hohe Kunst der nonverbalen Konversation. Jetzt werden Heterosexuelle fragen, wo hier der Unterschied liegt zu ihren Möglichkeiten der Partnersuche. Ganz einfach: Keine. Auch ich hatte schon Körbe kassiert, entweder lag es daran, dass meine Auserkorene gar kein Interesse an Frauen hatte, ich einfach nicht ihrem Typ entsprach oder sie schon vergeben war. Sicherlich hätte ein Gaydar mir so einige Schmach erspart.

Aber so ist das Leben, man muss immer wieder neue Anläufe nehmen, etwas riskieren und wird, wenn es gut läuft, auch mit einer Beziehung belohnt werden. Wie bei allen Menschen läuft das Kennenlernen oder Erwecken von Interesse tatsächlich über die Art und Weise wie man sich gibt oder wahrgenommen wird. Und nachfolgende Gespräche entscheiden dann darüber, ob das Interesse weiterhin besteht, noch ausgeprägter vorhanden ist oder gänzlich verpufft.

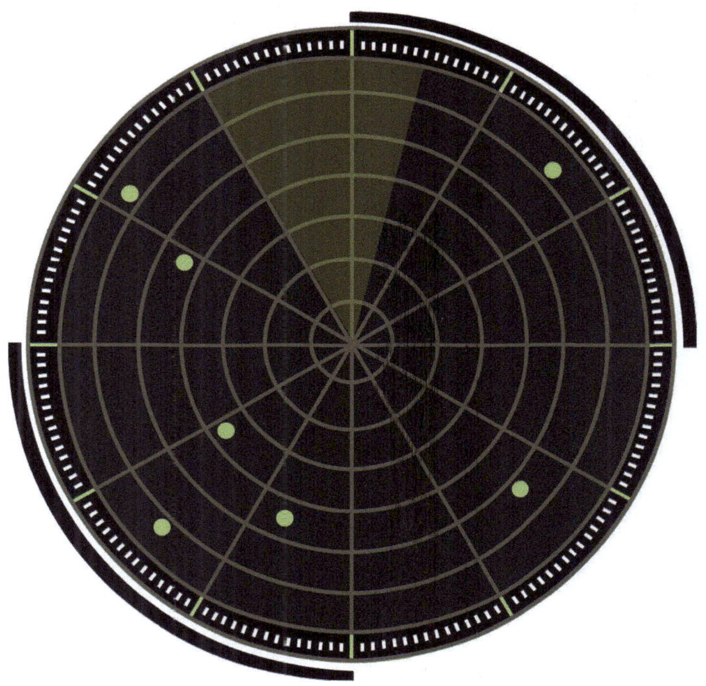

Homosexualität und Sport

Sport ist was für echte Männer. So zum Beispiel im Fußball oder anderen Team-Sportarten. Hier passen Schwule nicht wirklich rein, mit ihrer vermeintlich typisch weiblichen und verweichlichten Art: schnell verletzt und eingeschnappt, zickig, zu emotional. So denken viele. Fans, Trainer, Spieler. Dass sich viele Schwule während ihrer sportlichen Laufbahn verdeckt halten, mag auch daran liegen, dass die Andersartigkeit von Teamkollegen nicht gerne gesehen wird, da man sich leicht im Training näherkommt und dies bei einigen Heterosexuellen Beklemmungen auslösen kann. Auch das gemeinschaftliche Duschen wird zum Problem. Einige Vorurteile spielen eine Rolle gegen das Outing.

Mitunter laufen Homosexuelle Gefahr, aus dem Verein oder Team geworfen zu werden oder wichtige Sponsoren zu verlieren, somit auch die Existenzgrundlage. Hier muss der homosexuelle Sportler immer seine sexuelle Orientierung verheimlichen und nach außen hin den männlichen und kräftigen Sportler darstellen, den alle gerne sehen wollen. So ruhen zwei Seelen in einem Körper, was Kräfte raubt, auch die Leistungsfähigkeit beeinflussen oder einschränken kann. Es gab auch Aussagen namhafter Fußballtrainer und ihrer Haltung zur Homosexualität: sie hat in einigen Sportarten nichts zu suchen, weil es einfach nicht funktioniere, offen lesbisch oder schwul zu sein.

Homophobie müssen auch Frauen ertragen, beispielsweise im Profi-Fußball. Untereinander wissen Trainer und Team-Kolleginnen zwar von der Homosexualität, wobei diese nicht nach außen getragen werden darf, was oft auch in Stillhalteabkommen festgehalten ist. Lesben haben weniger Druck durch Trainer und Team-Kolleginnen, da sie und ihre Sexualität weniger ernst genommen werden und auch Frauenfußball weniger populär ist als der Männerfußball. Das gilt für alle möglichen Sportarten. Frauen, die Sport betreiben, werden grundsätzlich weniger als weiblich angesehen und stellen in den Augen des Publikums keine „echten" Frauen dar, da sie als zu kantig, zu muskulös und unattraktiv wahrgenommen werden.

Bei Berichterstattungen werden immer nur Spielerfrauen gezeigt, auch in welcher Beziehung sie zu welchem Spieler stehen. Das gibt es bei homosexuellen Spielern leider nicht. Die Begründung: das ist reine Privatsache. Aber warum zeigt man dann heterosexuelle Spielerfrauen? Nur, weil dies der Norm entspricht? Fakt ist, dass die Öffentlichkeit auch etwas über ihre Spieler erfahren möchte, sportliche und private Aspekte.

Mittlerweile tut sich hier aber etwas. Es gibt immer mehr Sportler, die sich offen zu ihrer Homosexualität bekennen, weil sie mit dem Druck nicht mehr eben konnten oder sie eine Depression entwickelt haben. Sie schämen sich nicht für das, was sie sind und wollen genau so leben wie ihre heterosexuellen Pendants auch. Das haben nun auch die Vereine und ihre Vorstände verstanden, die sich für eine tolerantere Haltung gegenüber Homosexualität einsetzen. Diskriminierungen sollen nicht mehr geduldet werden. So beispielsweise auch der Europäische Fußballverband (UEFA), der im März 2009 in einem Workshop das Thema Homophobie aufgriff. Es sind kleinere Schritte, die aber auf dem rechten Weg liegen und mit Sicherheit auch auf die Fans der unterschiedlichen Sportarten und ihrer Clubs Einfluss nehmen können. So werden die Sportler endlich an dem gemessen, wofür sie eigentlich stehen und zum Einsatz kommen: körperliche Höchstleistungen, Spaß, Siege, Unterhaltung.

Homophobie in der Musik

Musik macht glücklich, sorgt für gute Laune, beschreibt Gefühle und Stimmungen und unterhält. Das klingt recht schön und trifft mit Sicherheit auch auf einen Großteil aller möglichen Songs zu. Doch gibt es leider auch Musikrichtungen, in denen offenkundig und selbstverständlich Hetze gegen Homosexuelle betrieben wird. Und das unter dem Schirm der Menschenrechte, genauer gesagt der unzensierten und freien Meinungsäußerung. Hierunter finden sich auch Richtungen, von denen man es eigentlich gar nicht wirklich erwartet, da sie schon von ihrer Machart her eigentlich Lebensfreude und Friede vermitteln (sollten). Nachfolgend möchte ich einige Musikrichtungen aufzeigen, die trotz ihrer eigentlich vermittelten „schönen Welt" oftmals Homosexuellen vor den Kopf stoßen und ihre Abneigung zu diesen Menschen weiterreichen an beeinflussbare Jugendliche oder ebenfalls homophob eingestellte Menschen.

Popmusik

Diese Musikrichtung stand eigentlich immer für ein Abschalten, dem spießigen Alltag entfliehen. Sie wurde auch als Hintergrundmusik bei vielen wichtigen politischen Ereignissen genutzt, wie beispielsweise Revolutionen für ein besseres und kriegsfreies Leben, den Umweltschutz oder der Kritik an Kapitalismus. Pop war am Puls der Zeit und verstand es, auch politisch wahrgenommen zu werden. Popmusik lieferte auch viele Impulse und Vorlagen für andere Musikrichtungen. Doch leider gibt es, wie in allen anderen Bereichen des öffentlichen Interesses, auch in der Musik immer wieder Menschen, die dieses Artikulationsrohr für die Verbreitung von homophoben Texten nutzen.

Rockmusik

Die Gitarren konnten mit ihren Riffs und Solos Gefühle stark kommunizieren, somit auch eine Wut ausdrücken gegenüber gesellschaftlichen oder politischen Benachteiligungen, aber auch eine Revolution signalisieren. Die Bandmitglieder waren fast ausschließlich weiße (heterosexuelle) Männer, nur selten fanden sich hier Frauen. Hier rückten wieder „normale" Typen in den Vordergrund: echte, kantige Rocker mit längeren Haaren oder hübsche, wohlgebaute Frauen. Homosexuelle hatten hier weniger Raum für einen Auftritt, weshalb sie aber auch weniger Angriffsfläche für Homophobie bieten konnten. Der Vorteil des nicht Sichtbaren liegt darin, dass man nicht wahrgenommen wird, was an und für sich jedoch auch schon eine Diskriminierung darstellen könnte.

Rap und Hip Hop

Ob deutscher, englischsprachiger Rap oder Gangsta-Rap: hier wird gerne über Schwule hergezogen. Leider ist dies in dieser Musikrichtung gar nicht unüblich. Viele Rapper behaupten, dass schwul eigentlich für „Mist" steht und nicht unbedingt als Homo-Beleidigung angesehen werden sollte. Diese Aussage ist aber nicht haltbar, da schon die Rapper selbst offen kundtun, nichts mit Schwuchteln zu tun haben zu wollen. Es gibt auch Songtexte, die zu null Toleranz aufrufen und in denen Gewaltfantasien gegen Homosexuelle ausgelebt werden. Das liegt mitunter auch daran, dass der Rap seinen Ursprung in den Schwarzen-Ghettos der USA hat, die musikalisch schon immer stark von der Kirche beeinflusst wurde, worin die Ablehnung von Homosexualität begründet ist. Auch die Sklaven-Geschichte der Schwarzen trägt sicher zur Homophobie bei, da Homosexualität damals und teilweise auch heute noch als Instrument der weißen Bevölkerungsschichten zur Unterwerfung und Unterdrückung der schwarzen Bevölkerung angesehen wird. Es gibt auch Menschen, die eine derart ausgeprägte Homophobie darin begründet sehen, dass einige von ihnen eventuell irgendwann mal im Gefängnis landen könnten und sie deshalb schon von vornherein klarstellen wollen, auch mit ihren homophoben Texten, dass sie nicht schwul sind. Je männlicher ein Rapper herüberkommt, um so förderlicher ist dies für seine gesangliche Karriere. Da Rap und Hip Hop immer beliebter werden, haben es Homosexuelle mit ihrem Outing immer schwieriger, zumindest ohne Angst haben zu müssen. Durch die steigende Popularität erreichen Rapper auch immer mehr Jugendliche, die sich vom Meinungsbild eben dieser beeinflussen lassen. Auch wenn es immer wieder von Interessenverbänden und Politik gefordert wird, wäre das Verbieten dieser Musikrichtung kein hilfreicher Ansatz. Verbote wecken Interesse und fördern somit eher die Verkaufszahlen von homophoben Songs oder CDs, der Künstler wäre noch beliebter. Man sollte hoffen, dass die Angst vor Homosexualität mit der Zeit abnehmen wird, womit Rapper auch keine Möglichkeit mehr hätten, solche Menschen anzusprechen, die mit der Gleichstellung von Homosexuellen nicht klarkommen.

Im Rap gibt es aber auch homofreundliche und homosexuelle Vertreter, die gute Musik machen können, ohne andere Menschen zu diffamieren oder zu verletzen. Auch sie stammen aus den USA und treffen rein vom äußeren Erscheinungsbild auf gleicher Augenhöhe mit ihren weniger charmant-formulierenden Wortartisten zusammen. Wer meint, dass hier bunt gekleidete, typisch tuntig auftretende Wortjongleure leichtfüßig auf die Bühnen treten, der irrt. Sie wirken tatsächlich wie die Gangsta-Rapper, die man sofort im Kopf hat: Cappy, Muskelshirt eines beliebten Basketballclubs, zu groß erscheinende Jeans, hellbraune Boots. Gleiche Beats, Raps, nur dass der HomoRap darauf verzichtet, andere Menschen fertig zu machen oder mit der Andersartigkeit auf lustige und charmante Weise umzugehen versteht. Ein langsam aufstrebender Stern am HomoRap ist

beispielsweise Joseph Thomas Lee, der eher unter seinem Künstlernamen Deadlee bekannt ist oder auch Raeen Roes Wilson (alias Angel Haze).

Reggae und Dancehall

Eigentlich steht jamaikanische Musik, hier vor allem Reggae, für Lockerheit, Freude, Chillen und Lebensfreude. In einigen Reggae-Songs und vor allem beim Dancehall jedoch werden Gewalt, Drogen, Armut, Politik und Kriminalität verarbeitet, aber leider auch die Ablehnung von Homosexualität ist öfter Inhalt der Lieder, was anteilig der einstmals so präsenten englischen Kolonialherrschaft und ihrem Erbe zugeschrieben wird. Überbleibsel ist beispielsweise auch das „buggery law", das Analverkehr unter Strafe stellt. Man mag es kaum glauben, aber das Gesetz hat heute noch bestand. Eigentlich steht Dancehall für Tanzpartys der unteren Bevölkerungsschichten auf Jamaica. Sein Ursprung liegt im Reggae. Künstler mit homosexuellenfeindlichen Texten haben es immer schwerer, auftreten zu dürfen, was sehr positiv ist.

Country-Musik

Auch Country-Musik hat den Ruf, homophob zu sein, zumal in diesem Genre keine offen lebenden Homosexuelle wirken. Es geht immer um Heimatliebe, Herzschmerz, Mann und Frau, Familiengründung. Klar, dass Homosexualität hier nicht wirklich reinpasst, sind die gesungenen Geschichten konservativ, auf altmodische Familienvorstellungen gemünzt. Das verwundert nicht, da auch der Verbreitungsweg fast ausschließlich über das Radio erfolgt, moderne Plattformen werden kaum oder gar nicht genutzt. Countrysänger sind auch eine eingeschworene Gemeinschaft, in der es neue Gesichter sehr schwer haben, Fuß zu fassen. Somit gibt es auch keinen neuen Wind, keine abweichenden Storys als die bisher immer wieder neu vertonten und trotzdem altbackenen Songtexte, die immer wieder dasselbe durchkauen.

Die meisten Songs, egal aus welcher Ecke der Welt sie kommen, egal welchem Genre sie angehören, egal wer den Song interpretiert: sie machen Spaß und unterhalten. Im Gesamtbild machen homophobe Lieder doch einen recht kleinen Teil aus. Hier sollte man nur darauf achten, dass homophobe Songs nicht mehr Aufschwung erhalten, was natürlich auch für andere Diskriminierungsmöglichkeiten gilt. Ich meine hier zum Beispiel auch Ausländerfeindlichkeit, wie sie im braunen Umfeld vorzufinden ist. Es wäre schön, wenn Lieder wieder ihre ursprüngliche Aufgabe übernehmen und nicht als Träger für Diskriminierungen genutzt werden. Das ist eine Aufgabe, die sich mit Sicherheit gut durchsetzen lässt, soweit jeder von uns an dieser mitwirkt, was besser wirkt als irgendwelche Verbote auszusprechen.

Wenn hier schon das Thema Musik genauer unter die Lupe genommen wird, sollte ich doch auch aufzeigen, wann Homosexualität eigentlich öffentlich in der Musikwelt auftauchte. Es geschah 1979 in Form von dem Song „Y.M.C.A." von den Village People, fast 10 Jahre nach dem Stonewall-Aufstand. Die Gruppe aus sechs singenden und verkleideten Männern bahnte sich ihren Weg durch unzählige Radiosender weltweit. Auch wenn nicht alle Menschen Homosexualität gegenüber aufgeschlossen waren, landete die Gruppe weltweit einen Nummer-1-Hit, der überall lief und bei dem jeder mitsang. Einige Jahre später trat auch die Band Pet Shop Boys hervor, deren Bandmitglieder schwul waren und dies auch nicht verstecken. Elton John gehört hier auch mit aufgezählt, ein Urgestein, selbst schwul und eine Homo-Ikone, der schon über viele Jahrzehnte neben seiner Stimme auch wegen seinen Klamotten und seiner Brille im Fokus liegt. Natürlich darf man die Band Queen nicht vergessen mit ihrem Frontmann Freddie Mercury, von dem bekannt war, dass er

schwul war. Viel zu jung starb er an Aids. Man könnte den Eindruck bekommen, dass vor allem in den 1980er Jahren eine unzählige Outing-Flut losgetreten worden wäre. Aber die Erklärung ist eine andere: Schwule und Lesben versteckten sich nicht mehr, sie gingen auf die Straße und demonstrierten für ihre Rechte. Seit dem Stonewall-Aufstand hatte sich einiges getan, homosexuelle Sänger und Bands mit homosexuellen Bandmitgliedern traten offen auf (nachfolgend einige Beispiele in alphabetischer Reihenfolge):

Sänger: Ross Antony, Tracy Chapman, Beth Dito, Melissa Etheridge, Boy George, Leisha Hailey, Le1f, Ricky Martin, George Michael, Peaches, Jimmy Sommerville, Conchita Wurst.

Bands: Alcazar, Army of Lovers, Erasure, Frankie Goes to Hollywood, Placebo, R.E.M., Rosenstolz, Scissor Sisters.

Homosexualität ist heutzutage sogar chic, weshalb Sänger und Bands oft versuchen, die Gunst von Homosexuellen zu erringen, indem sie sie direkt ansprechen oder mit einbeziehen. Ein gutes Beispiel ist Katy Perry, die erotische Ideen mit ihrem ersten Song „I kissed a girl" weckte, sowohl bei Homosexuellen als auch Heterosexuellen einerseits, aber auch eine Diskussion mit Veröffentlichung eben dieses Songs lostrat. LGBTQ*-Aktivisten sahen in dem Song eine Trivialisierung lesbischer Sexualität. Aber wie heißt es so schön? In den Medien vertreten zu sein, kann sich auch positiv auf steigende Verkaufszahlen auswirken.

Homosexualität in Filmen

Last but not least möchte ich noch ein mehr als interessantes Thema aufgreifen: Homosexualität im Fernsehen und in Filmen. Einfach vor dem Hintergrund, dass diesem Thema recht wenig Aufmerksamkeit geschenkt wird. Zumindest so lange die Filmstreifen nicht in irgendeiner Weise eindeutig negativ ihren Weg in unterschiedliche Artikel finden. Wer weiß, wann der erste Homosexuellenfilm öffentlich gezeigt wurde oder warum einige dieser Werke nicht in allen Ländern gezeigt werden?

Am 28.05.1919 feierte der weltweit erste Schwulenfilm „Anders als die Andern" von dem jüdischen Regisseur Richard Oswald Premiere im Berliner BTL-Kino. Bei der Jahreszahl könnte man ein wenig verwundert sein: vor 100 Jahren. Kaum zu glauben. Die Liebestragödie löste leider große Tumulte aus. Als die Schwulenfeindlichkeit am lautesten wurde, hatte man den Film sogar unterbrechen müssen, bis die Unruhestifter den Kinosaal verließen. Sittenwächter verlangten lautstark nach einer Zensur, was zu dieser Zeit aber nicht möglich war, da es keine gab. Am 12.11.1918 hatte der Rat der Volksbeauftragten die Filmzensur abgeschafft und erst am 12.05.1920 wieder eingeführt. Noch im selben Jahr wurde der Film verboten. In diesen 18 Monaten wurden wegen der fehlenden Zensur in Lichtspielhäusern viele Aufklärungs- und Sittenfilme gezeigt, die sozialkritisch oder emanzipatorisch waren. Der 40-minütige Stummfilm handelt von einer Liebe zwischen einem Violinisten und seinem Studenten und sollte mitunter dazu dienen, den Paragrafen 175 anzuprangern, der Sex zwischen Männern unter Strafe stellt. Am Ende des Films sieht man eine Hand, die den § 175 im Gesetzbuch durchstreicht. Die Originalfassung des Films ist nicht mehr erhalten, auch die Kopien des Films wurden nach dem Verbot zerstört, zerstückelt. Die Schnipsel fanden ihren Weg in die weite Welt. Erhalten blieben nur wenige Teile des Films, wobei das Münchner Filmmuseum eine restaurierte Fassung besitzt. Seit Oktober 2006 ist eine DVD-Edition des Filmmuseums erhältlich, wobei er nur noch unvollständig zur Verfügung steht.

1931 kam eine weitere deutsche Produktion heraus, der heute auch als Kultfilm gilt und mehrfach aufgelegt und restauriert wurde. „Mädchen in Uniform" von Leontine Sagen. Der Film spielt in einem preußischen Mädcheninternat der 30er Jahre, in dem sich die minderjährige Schülerin Manuela in ihre Lehrerin verliebt. Ein sehr gefühlvoller Film, der international sehr erfolgreich war, mit Preisen ausgezeichnet wurde und auch noch weiterhin gerne gesehen wird. Er soll auch Vorlage von Filmen sein, wie beispielsweise „Lost and Delirious" oder „Loving Annabelle".

In der Geschichte des Fernsehens war Homosexualität in Deutschland noch vollkommen tabu. Gelegentlich sprach man über die Andersartigkeit in Talkshows oder hatte hin und wieder Filme, in denen Homosexualität vorkam, doch wirkliche Filme oder Serien, in denen Homosexualität nicht mehr nur ein Nebenwerk war, sondern auch selbstständig in Erscheinung trat, gab es erst ab den 1990er Jahren. Am 15.01.1973 wurde der Film „Nicht der Homosexuelle ist pervers, sondern die Situation, in der er lebt" (Erstausstrahlung am 04.07.1971 im Kino) von Rosa von Praunheim, mit bürgerlichem Namen Holger Mischwitzky, erstmals im deutschen Fernsehen gezeigt, wobei der Bayerische Rundfunk die Ausstrahlung des Films kurzfristig abgesetzt hatte, angeblich zum Schutz der Homosexuellen. Was zuerst ein wenig merkwürdig klingt, sollte sich bewahrheiten, da die Ausstrahlung tatsächlich heftige homophobe Reaktionen bundesweit auslöste. Dieser Film zeigt den ersten Kuss zwischen Männern im deutschen Fernsehen.

Ab 1980 konnte man einige Homosexuelle sowohl in deutschen als auch in englischen Fernsehserien willkommen heißen, die als Schwule in Hauptrollen ihren Platz einnahmen. 1985 gab es beispielsweise in der sechsteiligen WDR-Serie „Kein schöner Land" den ersten Kuss zwischen zwei Männern in einer deutschen Serie. Alle Charaktere entsprachen nicht wirklich dem typischen Klischee, sie waren kein bisschen überdreht.

In Amerika entstand 1975 ein kunterbunter Gesangsfilm, der bis in die 90er Jahre die einzige Hollywood-Produktion war, die offen und unverkrampft mit dem Thema Homosexualität umging. „The Rocky Horror Picture Show" von Jim Sharman gibt es auch als Musical, das auch heute noch gerne vorgeführt wird, in dem Homosexualität einen vollkommen offenen Umgang erlebt. Der Hauptcharakter verführt hier sowohl Frauen als auch Männer. 1985 erschien „Desert Hearts" von Donna Deitch, ein Film über eine homosexuelle Literaturprofessorin, die sich in eine jüngere Frau verliebt. 1993 erschien der Film „Philadelphia", in dem ein schwuler Anwalt gegen die Entlassung wegen seiner AIDS-Erkrankung ankämpft. 2005 folgte der US-amerikanische

Film „Brokeback Mountain", in dem die beiden schwulen Cowboys als Hauptcharaktere anfänglich auf einer Schaffarm, später auf unterschiedlichen Farmen arbeiten, und ihre Liebesbeziehung unglücklich und zumeist auf Distanz über 20 Jahre hinweg führen.

1990 hatte es leider sehr unschöne Schlagzeilen gegeben, als sich in der deutschen Fernsehserie „Lindenstraße" des WDR, die zwischen 1985–2020 gedreht wurde, zwei Männer küssten. Viele negative Reaktionen der Zuschauer entluden sich in einem Aufschrei der Empörung, wüsten Beschimpfungen und Morddrohungen gegenüber den Schauspielern sowie Bombendrohungen gegen die Produktionsfirma, die sich über ein Jahr lang hinzogen. Es ist schön, dass Produzenten und Schauspieler an ihrer Grundidee festhielten und sich nicht die Meinung homophober Menschen aufdrücken ließen. Die Serie legte nach mit weiteren homosexuellen Paaren und hatte sogar die erste symbolische Homo-Ehe in einer ihrer Folgen, noch bevor sie in Wirklichkeit legalisiert war. Nach der Devise: nicht unterkriegen lassen, weitermachen.

Die vorstehenden Absätze beschäftigen sich mit dem öffentlich-rechtlichen Fernsehen, das in den 1990er Jahren durch Privatfernsehen ergänzt wurde. Das Privatfernsehen war von großer Bedeutung für homosexuelle Charaktere im Fernsehen und ihre Wahrnehmung in der Öffentlichkeit. Zu dieser Zeit machte im deutschen Privatfernsehen die Gefängnisserie „Hinter Gittern" mit ihrer lesbischen Hauptfigur den Anfang. International und im Privatfernsehen ausgestrahlt, trat eine US-amerikanische Schauspielerin und Komödiantin in Erscheinung, die sowohl in der gleichnamigen Serie „Ellen" im Fernsehen als auch im Privatleben ein Coming-out feierte. Auch in der US-amerikanischen Serie „Roseanne" gab es eine offen lesbisch lebende Tante. „Sex and the City" (US-amerikanische Serie) hatte eine Darstellerin an Bord, die sowohl Männer als auch Frauen datete und mit ihnen Beziehungen führte.

Die Jahrtausendwende sollte viele neue Serien mit homosexuellem Inhalt und Hauptcharakteren ans Tageslicht befördern, die heute noch einen hohen Kultstatus besitzen und viele Nachahmer gefunden haben. Hier gibt es viele US-amerikanische Serien, die zu nennen sind. Beispielsweise die kanadisch-US-amerikanische Fernsehserie „Queer as Folk" um eine schwule Gruppe, die von 2000 bis 2005 gedreht wurde. Oder die Sitcom „Will & Grace" (1998–2006), in der sich eine heterosexuelle Frau nach der Trennung von ihrem Freund mit einem Schwulen in einer Wohngemeinschaft zusammenschließt. Klar, dass auch das deutsche Fernsehen nachzog. In vielen Seifenopern war es nun auch kein Problem mehr, einige Charaktere homosexueller Natur zu zeigen, wie beispielsweise in „Marienhof". Von 2004 bis 2009 lief die US-amerikanische Lesbenserie „The L-Word – Wenn Frauen Frauen lieben", die im April 2020 mit einer neuen Staffel aufwartete. Nach und nach war das Thema Homosexualität immer besser in die Gesellschaft integriert.

Neben guten Storys und der Möglichkeit des Zeitvertreibs haben alle Serien, Fernsehfilme, Sitcoms und Seifenopern eines gemeinsam: sie helfen dabei, Homophobie abzubauen und die Akzeptanz homosexueller Menschen zu fördern. Sie zeigen, dass das Leben Homosexueller nicht wirklich anders ist, kämpfen so auch gegen Vorurteile an und helfen dabei, Sichtweisen zu ändern. Sie zeigen Beziehungen homosexueller Paare, ihre

Wirkung im Arbeits- und Privatleben, auch das Leben als Regenbogenfamilie. Bis ins Jahr 2010 hatte es homosexuelle Charaktere nur in Erwachsenen-, später auch Jugendfilmen gegeben.

Zwischen 1997 und 2003 etwa hatte sich in „Buffy – Im Bann der Dämonen" die kampferprobte Jägerin mit ihren Freunden gegen Vampire und Werwölfe behauptet, was beim Publikum auch sehr gut ankam. Doch als ihre bis dahin heterosexuell lebende Freundin Willow sich in der vierten Staffel auf eine homosexuelle Beziehung mit der Hexe Tara einließ, verlangten ziemlich viele Amerikaner, dass die Rolle wieder umgeschrieben oder die Serie abgesetzt werden solle. Macher und Sender setzten sich durch und ignorierten alle Gegenrufe, wodurch sie es auf insgesamt sieben Staffeln brachte. Eine zu der Zeit tapfere Entscheidung, die den Weg für so viele weitere Filme ebnete. Zwischen 2013 und 2019 lief die US-amerikanische Frauenknastserie „Orange Is the New Black" und auch Kanada ging mit der Frauenknastserie „Wentworth" an den Start, die noch bis heute läuft. Hier könnte man einige US-amerikanische Arztserien aufzählen, doch das würde den Rahmen um ein Weites sprengen. Ein britischer Sender sollte im Bereich Kinderfilm Vorreiter werden, indem er seiner Hauptfigur in „Wizards vs Aliens" (2012 bis 2015) im Kampf gegen Aliens einen Auftritt als schwuler Zauberer verschaffte. Später gab es auch Serien, in denen Highschoolschüler erwachsen werden und verschiedene Beziehungen durchleben (siehe „Dawson's Creek" oder „Glee").

Auch im Bereich Anime wurde das Thema Homosexualität aufgegriffen. Von 1992 bis 1997 wurde die Erstpublikation der japanischen Animeserie „Sailor Moon" ausgestrahlt, in der sich ein lesbisches Paar gemeinsam mit ihren Freundinnen immer wieder gegen das Böse behauptet. By the way: die Serie erfuhr eine Neuauflage und wird bis heute ausgestrahlt.

Es war die Zeit, in der sich viele Fernsehsender aus dem Boden rankten. Da wundert es kein bisschen, dass es neben unendlichen namhaften Fernsehsendern auch solche gab, die speziell für ein homosexuelles Publikum ausgelegt waren, mit Informationen, Serien, Shows, Diskussionsrunden, Spielfilmen oder gar Pornos, die entweder auf Deutsch, Französisch, Englisch, Spanisch oder Japanisch via Satelliten-TV sendeten, mit Untertiteln. Im Infotainment-Bereich wurden Fernsehmagazine geschaffen, die mit Neuigkeiten aus der Szene aufwarteten, meist nur bei regionalen Sendern oder auf offenen Kanälen.

Heute findet man sogar in unterhaltsamen und betont fröhlichen Zeichentrickfilmen und Realverfilmungen bekannter Studios Homosexualität vor. Sie bringen immer mehr Randgruppen auf die große Leinwand und thematisieren so Tabus. Man mag es kaum glauben, aber auch ihre Filme erfahren in einigen Teilen der Welt Zensur oder finden ihren Weg erst gar nicht in die Kinos. Ein bekanntes Beispiel dürfte die Realverfilmung von „Die Schöne und das Biest" (2017) von Disney sein. Namhafte Schauspieler, eine tolle Umsetzung, die aber bei einigen Menschen auf wenig Gegenliebe stieß. Im Werk gibt es den ersten schwulen Charakter, den Knappen LeFou, der nicht von der Seite seines Herren Gaston weicht. Wegen diesem Charakter weigerte sich Alabama (USA), den Film zu zeigen und auch Russland reagierte mit einer Altersfreigabe und gab ihn erst ab 16 Jahren frei. Man darf hier nicht vergessen, dass in Russland seit 2013 positive Äußerungen über Homosexualität vor Minderjährigen strafbar sind. Malaysia zählt zu den Ländern, die diesen Film überhaupt nicht zeigen werden, zuvor hatten sie vergebens darauf bestanden, bestimmte Szenen herauszuschneiden.

Anfang 2020 war der Zeichentrickfilm „Onward" in die Kinos gekommen, der die erste offen lesbische Zeichentrickfigur zeigt, die eigentlich auch nur einen Satz verwendet, der auf ihre Homosexualität hindeutet. Die Synchronsprecherin, die selbst lesbisch ist, hatte sich wohler gefühlt, wenn sie „von ihrer Freundin" und nicht „von ihrem Mann" sprach. Es gab viele positive Rückmeldungen, da auch hier endlich ein homosexueller Charakter, eine homosexuelle Identität, in einem Zeichentrickfilm erscheint. Bei einigen Menschen jedoch ein großes Ärgernis, das Kinder und Jugendliche negativ beeinflussen könnte. Es stimmt schon, dass sich Kinder von ihren Helden oder Stars Verhaltensweisen und Werte abschauen. Aber deshalb werden sie nicht homosexuell. Vielmehr helfen solche Trickfilme eher dabei, Randgruppen sichtbar zu machen und den Kindern und Jugendlichen verschiedene Formen von Partnerschaftsmodellen aufzuzeigen, damit sie Vorurteile abbauen. Wegen dem kurzen Satz der lesbischen Zyklopenfrau Specter in dem 102-minütigen Film „Onward" ist er in folgenden Ländern verboten (in alphabetischer Reihenfolge): Katar, Kuwait, Oman, Russland und Saudi-Arabien.

In China gibt es neuerdings die sehr beliebte Filmgattung „Danmei", die sich mit homosexuellen Liebesbeziehungen und Sex beschäftigt. Das Besondere: in China ist das Veröffentlichen homosexueller Filme, Bücher oder sonstigen Darstellungen verboten und wird auch strafrechtlich verfolgt. In Schulbüchern wird Homosexualität auch heute noch als psychische Störung beschrieben,

auch wenn LGBTQ*s nicht systematisch verfolgt werden. Wer sich also dazu entschließt, hier Werke zu schaffen, muss damit rechnen, in Haft zu kommen. „Danmei" ist nicht nur bei Homosexuellen beliebt, sondern findet auch Anklang bei heterosexuellen Menschen, die in dieser Art von Film eine Rebellion gegen die konservative chinesische Kultur und Gesetzgebung sehen.

Anfang 2020 feierte der erste schwule Bollywoodfilm Premiere. Das ist schon etwas Besonderes, da bis September 2018 homosexuelle Handlungen in Indien gesetzlich verboten waren. Vor dem Hintergrund, dass die Entkriminalisierung somit erst anderthalb Jahre zurücklag und bisherige Bollywoodfilme immer nur mit dem typischen Familienbild aufwarteten, eine überraschende Sichtbarmachung von Homosexualität in einem diesbezüglich sehr konservativen Land. In „Shubh Mangal Zyada Saavdhan" (deutsch: „Hüte dich gut vor der Ehe") möchten zwei Männer ihre Liebe öffentlich machen und kämpfen in ihren Familien um Toleranz. Natürlich gibt es auch hier wieder Menschen und Länder, die sich hieran stören. So ist der Film beispielsweise verboten in Kenia und den Vereinigten Arabischen Emiraten.

Mir gefällt die Entwicklung der Einbindung der Homosexualität in die Film- und Fernsehwelt, auch wenn sie augenscheinlich recht langsam vorankommt. Da aber immer mehr Länder Homosexualität entkriminalisieren, habe ich die Hoffnung, dass die rechtliche Annäherung und gesellschaftliche Besserstellung irgendwann auch auf den restlichen Globus übergreifen wird. Mir ist bewusst, dass es nicht in naher Zukunft überall besser sein wird. Aber es bleibt spannend, den zeitlichen Rahmen der Entwicklung zu beobachten.

Danksagung

An erster Stelle gilt mein Dank meiner geliebten Frau, die mir immer den Rücken freigehalten hat und geduldig war. Sie hat sich nie beschwert, wenn ich zu wenig Zeit für sie hatte. Im Gegenteil: sie hat mich mit Rat und Tat unterstützt, da auch sie täglich mit dem „Anderssein" konfrontiert ist. Homosexualität ist leider immer noch kein bisschen salonfähig. Geduldet aber immer noch belächelt. Eben wegen ihr war mir die Umsetzung dieses Buches so wichtig. Nach einer Hochzeit – keine eingetragene Lebenspartnerschaft – wollen wir nun auch etwas „ganz normales" in Angriff nehmen. Kinder. Und da dies ja nicht so einfach ist wie bei heterosexuellen Paaren, habe ich in diesem Bereich nun auch Erfahrungen gesammelt, die ich gerne weiterreichen möchte.

Um das Buch schreiben zu können, hat es aber auch der Unterstützung, Hilfsbereitschaft und Ratschläge weiterer Menschen bedurft.

Gerne möchte ich mich auch bei meiner Familie bedanken, die immer zu mir gehalten hat, auch wenn sie anfänglich vielleicht ein wenig Probleme mit meiner Homosexualität hatte. Dadurch, dass sie mich gestützt und beschützt haben, konnte ich zu der offenen Frau werden, die ich heute bin. Ich schäme mich nicht für meine Andersartigkeit und gehe offen mit der Thematik um. Genau deshalb möchte ich vor allem meine Eltern hervorheben und mich bei ihnen bedanken, wobei mein Vater leider viel zu früh verstorben ist: Ihr habt eine selbstsichere, kämpferische und tolerante Frau großgezogen. Ich bin sehr froh, dass Ihr so positiv auf mich und meine Orientierung reagiert und auch meine Frau positiv aufgenommen habt. Eure vorgelebte positive und normale Behandlung hat mich zu diesem Buch inspiriert, da nicht jeder Betroffene so viel Glück hat.

Vielen Dank.

Literaturverzeichnis, Onlinequellen

www.andersartig.info: Flaggen & Symbole der LGBT*-Bewegung; Abkürzungen und Begriffe;

www.antidiskriminierungsstelle.de: (2010) Gleiche Zusatzrente für Lebenspartnerschaft und Ehe; Homosexualität und Sport; (2013) Stärkung der Adoptionsrechte homosexueller Paare; Antidiskriminierungsstelle des Bundes begrüßt Urteil zur Sukzessivadoption; (2014) Homophobie; (2015) Ehe für alle, Öffnung der Ehe;

www.auswaertiges-amt.de: Verfolgung von Homosexuellen weltweit;

www.bgbl.de: (2017) Bundesgesetzblatt: Gesetz zur Einführung des Rechts auf Eheschließung für Personen gleichen Geschlechts vom 20.07.2017;

www.bpb.de, Bundeszentrale für politische Bildung: (2009) Homophobie in der Popmusik: Bist du schwul oder was; (2010) Geschichte des Christopher Street Day; (2010) Homosexualität/en und Religion/en; (2010) Homosexualität und Fußball – ein Widerspruch; (2010) Respekt und Zumutung bei der Begegnung von Schwulen/Lesben und Muslimen; (2018) Homophobie, Abwertung von lesbischen, schwulen und bisexuellen Personen; (2018) Stationen der Ehe für alle in Deutschland;

www.bundesgesundheitsministerium.de: (2018) Die Pflegeversicherung; (2019/2020) Konversionstherapien;

www.bundesrat.de: (2018) Gesetzentwurf zur Umsetzung des Gesetzes zur Einführung des Rechts auf Eheschließung für Personen gleichen Geschlechts; Entwurf eines Gesetzes zur Änderung der in das Geburtenregister einzutragende Angaben; Gesetz zur Änderung des Grundgesetzes, Artikel 3 Absatz 3 Satz 1; (2019) Gesetzentwurf zur Umsetzung der Entscheidung des Bundesverfassungsgerichts vom 26.03.2019 zum Ausschluss der Stiefkindadoption in nichtehelichen Familien; (2020) Gesetzentwurf zum Schutz vor Konversionsbehandlungen;

www.bundestag.de: (2016) Ehe gleichgeschlechtlicher Paare Thema im Plenum; (2017) Mehrheit im Bundestag für die Ehe für alle; (2017) Anpassungsbedarf wegen Ehe für alle; (2018) Umsetzung der Ehe für alle; Detailregelungen zur Ehe für alle;

www.cinegraph.de: Der erste schwule Film, Anders als die andern (1919);

www.cinema.de: Geschichte der Homosexualität in Filmen;

www.dasgleichstellungswissen.de: Homophobie am Arbeitsplatz; Gleichstellungsgesetze;

www.elternkompass.de: (2015) Wenn zwei Frauen heiraten; (2018) Regenbogenfamilie gründen: Möglichkeiten als homosexuelles Paar Kinder zu bekommen;

www.ergo.de: Kinderwunsch;

www.familienrecht.net: Familienrecht – Was das BGB in Sachen Ehe, Unterhalt, Scheidung und Kindschaftsrecht regelt;

www.feel-ok.ch: Was ist Homosexualität; Homosexualität im Tierreich;

www.freiheit.org, Friedrich Naumann Stiftung – Für die Freiheit: Rechte von Homosexuellen weltweit; Verfolgung von Homosexuellen weltweit;

https://genderqueerid.com: (2019) Genderqueer-Flag; weitere Flaggen der LGBT*-Bewegung;

www.gesetze-im-internet.de: Gesetz über die eingetragene Lebenspartnerschaft (LPartG); Ehe für alle; Gesetz zur Reform des Ehe- und Familienrechts; Gesetz über das Verfahren in Familiensachen und in Angelegenheiten der freiwilligen Gerichtsbarkeit;

www.hallofamilie.de: Coming-out; Homosexualität und Kinderwunsch, Vereinbarkeit oder Widerspruch;

www.igfm.de, Internationale Gesellschaft für Menschenrechte: Rechte von Homosexuellen weltweit; Verfolgung von Homosexuellen weltweit;

www.lebenspartnerschaft.de: Eingetragene Lebenspartnerschaft, Unterschiede zur Ehe; Aufhebung einer eingetragenen Lebenspartnerschaft;

www.lesbianchic.de: (2018) Die Geschichte der Homosexualität; (2019) Wenn Lesben Familien gründen – Von Recht bis Regenbogen;

www.lesmamas.de: Wege zum Kind, Insemination, Bechermethode, Stiefkindadoption, Adoption;

www.liebesleben.de: Geschlechtsidentität; Geschlechtliche Vielfalt; CIS; Intersexualität; Transsexualität;

www.lsvd.de: Regenbogenfamilie und Kinderwunsch; Regenbogenfamilie und Adoption; Diskriminierung von Homosexuellen in der Arbeitswelt; Verbot von „Homo-Heilung";

www.paradisi.de: Bisexualität; Coming-out; Homosexualität; Intersexualität; Transgender;

www.personenstandsrecht.de: (2019) Drittes Geschlecht, Gesetz zur Änderung der in das Geburtenregister einzutragenden Angaben;

www.popkultur.de: Geschichte Homosexualität in Filmen;

www.profamilia.de: Kinderwunsch Regenbogenfamilien; Sexuelle Orientierung und sexuelle Identität;

www.queer.de: Verfolgung Homosexueller weltweit; Ehe für alle; Eingetragene Lebenspartnerschaft; Homosexualität und Amerika;

www.queerliving.de: Leben von LGBT*s; Hochzeit, Ehe für alle; Eingetragene Lebenspartnerschaft; Kinderwunsch; Rente und Erbe; Scheidung;

www.regenbogenhochzeit.com: Ehe für alle;

www.regenbogenportal.de: Gleichgeschlechtliche Lebensweisen und gleichgeschlechtliche Vielfalt; Unterarten der Homosexualität (LGBT*);

www.religionen-entdecken.de: Homosexualität und Religionen (Christentum, Islam, Judentum, u.a.);

www.rosa-winkel.de: Geschichte der Homosexualität in Deutschland; Verfolgung Homosexueller im Nationalsozialismus; Abschaffung § 175;

www.scheidung.org: Aufhebung einer eingetragenen Lebenspartnerschaft; Scheidung der Ehe für alle;

www.sozialministerium.baden-wuerttemberg.de: Familienplanung in Baden-Württemberg; Lebensformen und Alltagsrealitäten von Familien;

www.welt-sichten.org: Homosexualität und Religionen (Christentum, Islam, Judentum, u.a.);

www.wunschkinder.net: Kinderwunsch, Möglichkeiten im In- und Ausland.